JN011356

情報学基礎

山口和紀 監修

和泉順子・桂田浩一・児玉靖司・重定如彦
滝本宗宏・入戸野 健
共著

培風館

本書に記載されている会社名や製品名などは，一般に，関係各社/団体の商標
または登録商標です。

本書の無断複写は，著作権法上での例外を除き，禁じられています。
本書を複写される場合は，その都度当社の許諾を得てください。

まえがき

　コンピュータが発明された初期の頃から，コンピュータの仕組み，特に計算に関わる論理回路の構成はほとんど変わっていません。しかし，論理回路が大規模になり，コンピュータ自体が非常に小さくなり（ダウンサイジング），通信技術が発達して通信速度が大変速くなったおかげで，コンピュータの社会に対する影響は大きく変わってきました。さらに，社会の中のあらゆるモノにコンピュータが搭載され，ビッグデータを収集してデータを分析し，さまざまなモノを制御することができるようになりました。特に，人工知能（AI：Artificial Intelligence）の分野で大きな進展があり，社会の中でなくてはならないものとなっています。

　コンピュータに関する学問領域として，欧米では，コンピュータ科学（computer science）があります。コンピュータ科学は，コンピュータそのものを中心としてハードウェア，ソフトウェア周辺の仕組みや技術について科学的に考察する学問領域として発達してきましたが，コンピュータと社会との関わりが深まるにつれて，社会活動を考察する「社会科学」との融合を目指して情報学（informatics）といわれるようになってきました。日本では，「コンピュータ科学」に関する学問領域を「情報科学」や「情報工学」といい，当初より「情報」という用語を多く使ってきました。しかし，最近では代わって「情報学」という用語を使います。高等学校の授業でも 2003 年より「情報」という科目が必修科目となっています。

　本書は，2022 年度からの高等学校での「情報」のカリキュラム改革を鑑み，大学などの高等教育機関での授業の中で，高等学校までの情報学の学習を振り返りながら，情報学全般の基礎を学ぶ教科書として編成しました。しかし，情報学すべての分野を網羅するものではありません（たとえば，データベース，計算理論，ソフトウェア工学などの分野は省略しました）が，高等教育機関で半年程度（セメスタ）で学習する際に適当な内容になっていると思います。各章は独立しているので，必ずしも本の順に学ぶ必要はありません。さらに，難易度に応じて選択して学習することもできます。

　本書は，コンピュータ科学の専門家である教員が各自の専門領域を中心に分担して執筆をいたしました。1 章，2 章，7 章，11 章は児玉が，3 章は入戸野が，4 章，8 章は和泉が，5 章，9 章は重定が，6 章は滝本が，10 章は桂田がそれぞれ担当しました。

　本書が皆さんの学習の参考になれば幸いです。

　2020 年 10 月

著　　者

目　　次

1 はじめに

　最近のコンピュータの発達は目覚ましく，社会の中にコンピュータが至るところにあるようになりました。誰もがスマートフォンを持ち，常に最新情報を手に入れたり，知り合いとコミュニケーションしながら仕事をしたり，IC カードを持って現金に代わって支払いをしたり（キャッシュレス）など，コンピュータが大変身近になってきました。スマートフォンや IC カードも実はコンピュータです。

　コンピュータは，プログラムという命令の並びを入力してあらゆる仕事をさせることができます。コンピュータは「目的をもたない」機械であるといわれています。プログラムを記述し，仕事の手順として入力すると，さまざまな目的をもった機械に「変身」させることができます。

　最近では，さまざまなデータを取得するセンサーなど新しい周辺装置の発達も関係しています。マイクから音声を入力し，カメラも静止画だけでなく動画として簡単に撮影できるようになってきました。さらに，指紋認証や，脳波測定装置など生体に関するセンサーも手軽に安価に利用することができます。さまざまなセンサーから取得した大量の情報（データ）をビッグデータとしてコンピュータに入力して解析することができます。このような解析を実現するために，高度な分析に関する技術をもったデータサイエンティストがこれから求められています。

1.1　コンピュータとは

　コンピュータとは，ハードウェアとソフトウェアから構成されます（図 1-1）。

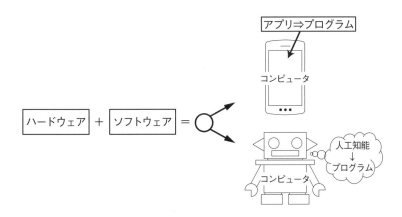

図 1-1　ハードウェアとソフトウェア

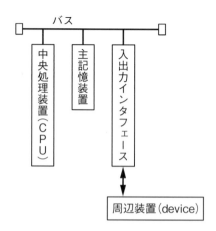

図 1-2　ハードウェア構成

　ハードウェアとは，本来は金物という意味で鍋とか「やかん」など，金物屋（英語ではハードウェアショップという）で売っているような金物をさし，「物理的に目に見えるもの」をさします。ソフトウェアは，「画面表示したり，印刷したりしないと目に見えない」文章や手順をさします。

　コンピュータは，ハードウェアを用意しただけでは電源を入れても何も仕事をしませんが，ハードウェアに，ソフトウェアという「命令の集まり」を入力することによって，命令に従った仕事をしてくれます。命令の集まりをプログラム（program）といい，プログラムを作成しハードウェアに入力し仕事をさせます。プログラムを作成することをプログラミング（programming）といいます。

　簡単にハードウェアの構成を説明します（図 1-2）。

　ハードウェアには代表的な装置として中央処理装置（以下，CPU という）と主記憶装置があり，バスという通信線につながれています。バスにより，装置間は高速に情報を交換することができます。その他の周辺装置は，入出力インタフェース（input output interface）を通してバスに接続されています。入出力インタフェースは，バスの通信速度と周辺装置の通信速度を合わせる役目も担っています。バスを通した CPU と主記憶装置との通信速度に比べ，周辺装置との通信速度は非常に遅くなるため通信速度を調整することが必要になります。

　コンピュータ全体としては，CPU（Central Processing Unit）と主記憶装置を中心として必要な装置を自由につなぐことができ，不必要になった場合は，いつでも外すことができるようになっています。たとえば，「USB メモリ」は，USB という規格の入出力インタフェースを通してフラッシュメモリ（flash memory）という補助記憶装置をバスにつなぐことができる装置です。また，複数の CPU をバスに接続することもできます。これをマルチプロセッサシステムといいます。昔は，この「バスに接続」，「取り外し」は，コンピュータの電源を切って行っていましたが，現在のコンピュータでは，ホットプラ

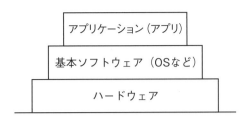

図 1-3　ハードウェアとソフトウェア

グ (hot plug) という技術が開発されたため，電源を入れたまま「バスに接続」，「取り外し」ができます。

　ハードウェアとソフトウェアの関係を図 1-3 に示します。

　ソフトウェアは，基本ソフトウェアとアプリケーションソフトウェア (application software) があります。アプリケーションソフトウェアは「応用ソフトウェア」という意味で，最近では，アプリといわれています。

　基本ソフトウェアには，最もハードウェアに近い位置にあるソフトウェアで例としてはオペレーティングシステム (Operating System，以下，OS という) があります。

　アプリは，スマートフォン上にあるように，事務処理やゲームなど特定の仕事をさせるためのソフトウェアです。

　以上のコンピュータの仕組みについては 2 章で，オペレーティングシステムの概念については 5 章で詳しく説明します。

1.2　情報通信技術(ICT)とは

　昔は，コンピュータに関する総合的な技術は，情報技術 (Information Technology，以下，IT という) といいました。1970 年代より，通信技術に関する研究分野でネットワーク技術が発達し，情報通信技術 (Information and Communication Technology，以下，ICT という) といわれるようになりました。現在では，ICT は，コンピュータのハードウェア，ソフトウェアの総合的な分野に関する技術を示します。

　ハードウェアに関しては，CPU を中心に，記憶装置，周辺装置の研究開発がされてきました。最近では，センサーをはじめとしてさまざまな周辺装置が開発されています。CPU や記憶装置は，基本的な論理回路の構成は変わることなく，大規模な回路をできるだけ小さくするためにどうしたらよいかを考察し，結果としてハードウェアは非常に小さくなりました。

　基本ソフトウェアである OS に関する研究では，初期の頃は，コンピュータが非常に高価であったため，「コンピュータに効率よく仕事をさせる」という，情報資源を最適に扱うための研究が主でした。最近では，人間とコンピュータの境目であるユーザイン

タフェースに関する進歩が目覚ましく，OS 本来の目的より，使い勝手の議論が中心になってきました。小さくなったコンピュータで，さらに，使い勝手のよい OS が開発されています。スマートフォンや IC カードなど，従来のコンピュータの形をしていないものとして社会の中にあふれています。新しいコンピュータにはキーボードがないものも現れています。

　情報通信技術も進んでいます。コンピュータは，ネットワークにつながるのが前提で設計され，どこにいても，世界中の人達とコミュニケーションできる時代になってきました。このことを「ユビキタス」といいます。そのため，社会におけるコンピュータの位置づけが変わってきただけでなく，私たちの生活様式も変化しています。友達とのコミュニケーションの仕方，日常での情報の扱い方などは劇的に変化しました。

　情報通信技術の発達は，このようなメリットばかりでなく，デメリットも発生するようになってきました。本来，コンピュータはおもに専門家が扱う機械でした。1990 年代になって，情報通信技術が一般にも開放されたことにより，情報通信ネットワークを使って，人々を困らせるようなことをする人が現れたためです。

　ICT については 4 章で，情報セキュリティについては 8 章で詳しく説明します。

1.3　IoT とは

　私たちが生活している社会には，すでに至るところにコンピュータがあります。さまざまなモノにコンピュータ（IC チップなど）をつけて，インターネットにつなぐことができるようになりました。

　モノとモノをおもにインターネットを通じて接続し，コミュニケーションさせることを Internet of Things（以下，IoT という）といいます。日本語で直訳すると「モノのインターネット」になります。コンピュータの力を借りてモノからさまざまなデータを取得し，瞬時にデータ分析を行うことによって，モノを管理したり，モノを制御したりできるようになってきました。モノの集まりが膨大な場合は，付随するモノがまわりの環境からデータを取得することで，環境に対してモノを管理することができます。たとえば，車の自動運転であったり，スーパーマーケットの自動会計システム（アマゾン社の Amazon Go など）であったりします。取得するデータも膨大となります。

　2007 年にアップル社が iPhone を発売し，電話を「スマートフォン」というようになりました。さまざまなモノに「スマート」というキーワードを接頭辞として追加して，コンピュータを用いた便利なモノを表すようになりました。たとえば，各家庭にガスメータがあると思いますが，現在では，半分以上がガス会社と常に通信を行い「スマートメータ」となっています。スマートメータは，常にインターネットに接続することができ，ガス会社がガスの異常を含め，常に各家庭のガスの使用状況を確認することができます。その他，火災報知器もすでに「スマート報知器」になっていますし，自動販売機も「スマート自動販売機」になっているものが多くあります。エレベータも昔からコンピュータに

接続され，「スマートエレベータ」になっています。他には，「スマートユニバーシティ」とか，「スマート社会」のように，より大きな組織にさまざまなコンピュータを導入して便利な社会をつくろうとする試みが多くあります。このように，「スマート」という言葉を接頭辞として使う新しい用語が IoT と関連して生まれています。

IoT については 9 章で詳しく説明します。

1.4　データサイエンスと人工知能

社会の中の至るところにコンピュータが存在するようになると，コンピュータに膨大な情報（ビッグデータという）が集まり，コンピュータの処理速度の向上と相まって，コンピュータを使って素早く複雑な分析ができるようになってきました。これまでの統計学手法を用いたクラスタリング[1]（分類）や，モデル分析は大まかなデータ分析でした。最近では，機械学習や深層学習（ディープラーニング）という人工知能の 1 つの分野である研究成果を使って，より正確に大規模に分析ができるようになってきました。現在，話題となっている画像解析技術を用いた顔認証や自動運転，さまざまなマッチング[2]などでは，機械学習や深層学習の技術を応用したものがほとんどです。

最近では，会社の人事の分野でも「内定者辞退予測」や「退職者予測」などが話題になっていますが，これらは学習分析に関する研究の応用で，機械学習や深層学習の技術を応用したものです。このように，これまで，工学や理学の分野で行われてきたコンピュータに関する研究が，人工知能などの応用研究を利用し社会科学分野で使われるようになってきました。

ビッグデータを扱い，機械学習や深層学習を使った分析は，「マッチング」，「将来予測」，「クラスタリング」がほとんどです。これらは，社会の中で非常に重要な分析だからです。このように，ビッグデータを扱った分析に関する学問分野でデータサイエンスが生まれ，注目されています。

人工知能については 10 章で詳しく説明します。

1.5　**XXXTech とは**

FinTech（フィンテック）や EdTech（エドテック）という言葉を聞いたことがあるかもしれません。FinTech は金融（finance）とテクノロジー（技術），EdTech は教育（education）とテクノロジーを組み合わせた言葉です。金融や教育と ICT を組み合わせることによって，より便利な社会をつくろうとする試みです。xxxTech[3]とは，特定の産業分野と ICT を組み合わせる造語として用いられています。

---

1)　クラスタリングとは，大規模集合の要素を分類したり，ランクづけしたりすることです。
2)　マッチングとは，人と人とを対応づけ結びつけることです。
3)　xxx には，さまざまな分野のアルファベットが入ります。

　FinTech は，金融の分野で，投資によるリターンの予測や，株価の予測を通常の統計学を用いた予測より高い精度で求め，金融活動に活かそうとするものです。EdTech は，教育の分野で，おもにアメリカで発達していますが，学習者の学習効果を上げるために，学習態度や学習状況など定量的データをコンピュータに入力し学習分析をし，適切に学習者にフィードバックして学習効果を上げ役立たせようとするものです。学習者の状況に合わせた学習を自動的に提供するアダプティブ（適応）ラーニングや，コンピュータからのフィードバックにより，学習者の学習意欲を高めようとするインテリジェントチュータリングシステム（Intelligent Tutoring System）などの研究が進んでいます。

　その他にも，用語としては，さまざまな産業と ICT を組み合わせる xxxTech があります。広告（advertising）と ICT を組み合わせた AdTech，健康医療と ICT を組み合わせた HelthTech，農業（agriculture）と ICT を組み合わせた AgriTech，生物科学（bioscience）と ICT を組み合わせた BioTech，食べ物と ICT を組み合わせた FoodTech など，数え上げれば切りがないくらいにさまざまな技術が考え出されています。コンピュータは，ただ性能が向上しただけではなく，社会の中に浸透し，さまざまな産業と融合していることを表しているのです。

1.6　キャッシュレス社会

　最近では，コンビニやスーパーマーケット，小売店でも，現金を使わず（キャッシュレス）に IC カードなどで支払いを済ませることが当たり前になってきました。スマートフォンで QR コードを読み取り簡単に支払いができるアプリもあります。IoT の進歩によって，キャッシュレスによる支払いが実現されたのは，言うまでもありませんが，キャッシュレス社会になることによるメリット，デメリットについて紹介します。

　キャッシュレスで支払いを行うことで，支払いのデータ（トランザクション）が，中央のコンピュータに集積され，購買行動を分析することが可能となります。トランザクションを記録したビッグデータを分析することによって，社会を構成する人々の活動を分析することにつながり，お金の貸し借りを司る金融の分野に役立てることができます。逆に，管理されるというデメリットも発生します。

　人々の活動を分析することは，人々のクレジット（信用）情報を分析することにつながり，金融分野だけでなく，教育学や経営学の分野にも関係する非常に重要な分野となっています。一方，個人情報をどこまで収集し，分析してよいかの点については，倫理的な面も含めてデメリットも考えなければなりません。

1章の練習問題

1-1　コンピュータは，人間が作りだしたどのような機械だといわれているか。次の中から最も適切なものを選びなさい。

(1)　賢い機械　　　(2)　目的をもたない機械　　　(3)　人間らしい機械

(4)　言語を用いて会話する機械

1-2　大量のデータを使いコンピュータで分析し，将来予測やクラスタリング（分類）を行う学問領域を何というか。次の中から最も適切なものを選びなさい。

(1)　バイオテクノロジー　　　(2)　データサイエンス　　　(3)　コンピュータ科学

(4)　計量経済学

1-3　「アプリ」のことを別に何というか。次の中から<u>当てはまらない</u>ものを選びなさい。

(1)　アプリケーションソフトウェア　　　(2)　応用ソフトウェア　　　(3)　アプリケーション

(4)　基本ソフトウェア

1-4　1-2の問題で，大量のデータのことを何というか。次の中から最も適切なものを選びなさい。

(1)　統計データ　　　(2)　ビッグデータ　　　(3)　観測データ　　　(4)　ソフトウェア

1-5　金物という意味で，コンピュータそのものを表し，本来は「物理的に見えるもの」を表す用語を何というか。次の中から最も適切なものを選びなさい。

(1)　ソフトウェア　　　(2)　オペレーティングシステム　　　(3)　アプリ　　　(4)　ハードウェア

1-6　CPU のことで，コンピュータの中心的な演算や制御をする装置を何というか。次の中から最も適切なものを選びなさい。

(1)　中央処理装置　　　(2)　周辺装置　　　(3)　入力装置　　　(4)　出力装置

1-7　ICT とは日本語で何というか。次の中から最も適切なものを選びなさい。

(1)　モノのインターネット　　　(2)　どこでもコンピュータ　　　(3)　金融工学

(4)　情報通信技術

1-8　IoT とは日本語で直訳すると何というか。次の中から最も適切なものを選びなさい。

(1)　モノのインターネット　　　(2)　どこでもコンピュータ　　　(3)　金融工学

(4)　情報通信技術

1-9　金融分野の技術改革で，ICT を用いて効率化をしようとするものはどれか。次の中から最も適切なものを選びなさい。

(1)　FoodTech　　　(2)　FinTech　　　(3)　AgriTech　　　(4)　BioTech

1-10 できるだけ現金を使わないで支払いを済ませ，社会の金融分野で効率よく処理させようと
する社会を何というか。次の中から最も適切なものを選びなさい。

(1) 自由社会　　(2) ユビキタス社会　　(3) AI 社会　　(4) キャッシュレス社会

2 コンピュータとは

コンピュータとは，その名の通りコンピュート（compute，計算という意味）から由来し，「計算をする機械」です。計算をする機械は，昔は「そろばん」から始まり，さまざまな自動計算機械が発明されました。

「計算」を考えてみましょう。ものごとを論理的に解く物理学の実験をすることで計算することができます。物理学では，あらゆる物理現象が数式で表現されるので，この性質を逆算して計算をすることができます。たとえば，「ボールを窓から水平に投げる」ことでも計算をすることができます。

水平（x軸）方向の到達距離は，「水平方向の初速度」に比例し，垂直（y軸）方向の高さは，「着地するまでの時間」の2乗に比例することがわかっています。

たとえば，図2-1のように，ボールを投げるときの水平方向の初速度が毎秒12メートル（12 m/s）であり，着地するまでの到達距離が36メートル（36 m）であるとします。同じボールを同じ高さから水平方向の初速度が12×2 = 24 m/sで投げると着地するまでの到達距離を測れば，36×2 = 72メートル（m）を計算できることがわかります。

平方根の計算も可能です。図2-2のように，高さ15メートル（15 m）のところからボールを投げ，着地するまでの時間が3秒（3 s）だとすると，同じボールを高さ15×2 = 30メートル（m）のところからボールを投げ，着地するまでの時間を測れば，$3 \times \sqrt{2}$秒（s）の計算をすることができます。この場合は，ボールを投げてから着地するまでの時間も$\sqrt{2}$倍になります。

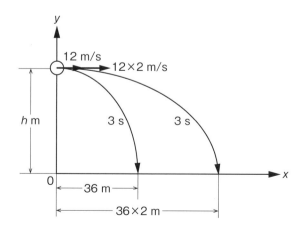

図 2-1　到達距離が2倍になる場合
「到達距離」は，「水平方向の初速度」に比例する。

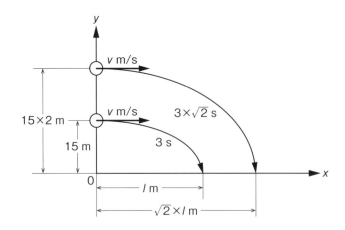

図 2-2　到達距離が $\sqrt{2}$ 倍になる場合
「高さ」は，「着地するまでの時間」の2乗に比例する。

　このように，物理学実験を行ってさまざまな値を計測すれば，一般に計算をすること
ができます。また，「計算する」ということは「物理学実験をする」ということもでき
ます。ただし，これは，物理学実験例のためのもので，実際には「空気抵抗」などがあ
り正確な値を計算することは難しく，わざわざ計算をするために毎回大がかりな準備を
しなければならないのは現実的ではありません。

　しかし，最近では，物理学は言うまでもなく，化学の実験，生物学の実験をすること
によって大規模に，高速に計算することが研究されています。ナチュラルコンピューティ
ングといい，分子コンピュータ，量子コンピュータ，DNAコンピュータとして知られ
ています。

　現在のコンピュータは，曖昧さのない形で，より大規模に，正確に計算ができるよう
に，半導体を開発して論理値（真と偽の2つの値）を用いた論理回路を構成し，複雑な
計算も高速に行うことができるよう設計されています。論理回路については本章の後半
で説明します。

2.1　コンピュータの仕組み

　コンピュータは，バスというデジタル信号の通信路を中心として中央処理装置（CPU）
と主記憶装置がつながり，他の周辺装置は，入出力インタフェースを通してバスにつな
がっています。周辺装置は，必要な装置だけつなぎ，必要でない装置は外すことができ
ます。そのため，キーボードのついていないコンピュータや，ディスプレイがないコン
ピュータもあります。ハードディスクやUSBメモリなどの補助記憶装置（二次記憶装置）
は，その他の周辺装置になります。

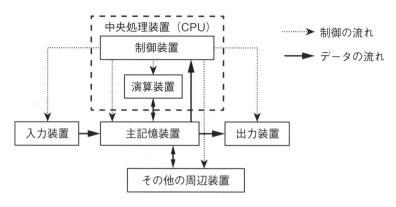

図 2-3　コンピュータの構成

　図2-3に，制御の流れと，データの流れに注目したコンピュータの構成を示します（入出力インタフェースは省略）。

　CPUは制御装置と演算装置から構成されます。制御装置はコンピュータのすべての装置を制御することができます。入力装置は主記憶装置にデータを入力し，出力装置は主記憶装置からデータを出力します。その他の周辺装置は，入出力ともにできる装置として主記憶装置とデータをやりとりします。制御装置が「制御するために使うデータ」は主記憶装置から制御装置に送られます。演算装置は主記憶装置とデータを交換しながら演算を行います。

　バスには，アドレスバスとデータバスとコントロールバスがあります。図2-3の「制御の流れ」と「データの流れ」は，これらのバスを用いて情報を伝達します。入力装置，出力装置，その他の周辺装置は，入出力インタフェースまでバスにつながっているので，入出力インタフェースまでの流れを示します。アドレスバスはアクセスする主記憶装置の場所を示す番地の情報を伝えるバスで，データバスはデータ（情報）を伝達するバスです。コントロールバスは制御情報を伝達するバスです。

　「制御装置」，「演算装置」，「記憶装置」，「入力装置」，「出力装置」をコンピュータの5大装置といいます。

2.2　中央処理装置（CPU）

　CPUは，コンピュータの中核をなす装置で人間にたとえると頭脳にあたります。演算装置と制御装置から構成されます。演算装置は算術演算などの演算を実行する装置で，制御装置は命令を記憶装置から取り出し解釈し実行したり，装置を制御する装置です。非常に複雑な論理回路で構成されますが，論理回路を構成する要素はトランジスタという素子です。1970年代に高い密度でトランジスタを集積した集積回路（integrated curcuit）で，LSI（Large Scale Integrated circuit）として，MPU（Micro Processing

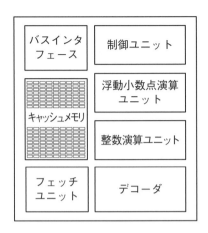

図 2-4　CPU の内部

Unit）という CPU の初期のものを作った際は 4 ビット CPU といわれ，トランジスタの数は 3000 個程度でした．現在では，1 つの CPU で数億〜数十億個のトランジスタが使われています．

　図 2-4 の CPU の内部の「制御ユニット」，「整数演算ユニット」，「浮動小数点演算ユニット」がそれぞれ制御装置と演算装置にあたりますが，非常に複雑な論理回路から構成されています．「浮動小数点演算ユニット」，「キャッシュメモリ」は，初期の CPU の内部にはありませんでしたが，現在では CPU の一部として組み込まれています．その他の「バスインタフェース」，「フェッチユニット」，「デコーダ」は制御装置を補助するためにある回路です．

2.2.1　浮動小数点演算ユニットとキャッシュメモリ

　「浮動小数点演算ユニット」は，小数の演算を実行する部分で，CPU では整数の演算と小数の演算を分けて行います．同様に演算装置にあたるので複雑な論理回路となっています．「キャッシュメモリ」は，CPU とバスを通して他の装置とデータ（情報）を交換する際に，データを一時的に保管する記憶装置です．

　CPU の内部（図 2-4）をみると，記憶装置は，同じ回路が大量に繰り返して大規模に構成されているために単純な模様となっていますが，その他の演算装置や制御装置は，複雑かつ大規模な回路となっています．

2.2.2　現在の CPU（複数のコアを含む）

　2000 年頃までの CPU は同時に 1 つの計算をすることができ，現在ではコア（core）といいます．現在の CPU は，複数のコアで構成されマルチコアプロセッサといいます（図 2-5）．

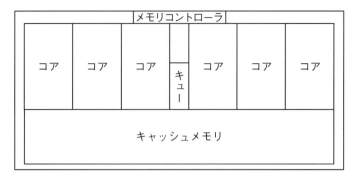

図 2-5　**CPU の内部（マルチコアプロセッサ，6 個のコアから構成）**

2.3　主記憶装置

　バスに直結され，CPU と高速に情報のやりとりができる記憶装置を主記憶装置といいます。通常，CPU の計算は主記憶装置に情報を格納しながら実行します。周辺装置の情報も主記憶装置を通してやりとりをします。

　主記憶装置にどのような情報を格納したらよいかなど，主記憶装置に格納する情報のやりとりを管理するのは，基本ソフトウェアであるオペレーティングシステム（5 章）の役割の 1 つです。

　情報を格納するのは，1 バイト（byte）単位で，各箱には番地（address，アドレス）という番号がつけられています。番地と主記憶装置（メモリ）の関係は，図 2-6 のようなメモリマップで表すことができます。番地は 16 進数で表しています。

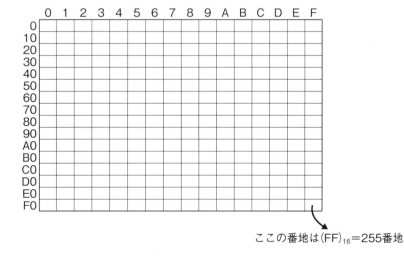

ここの番地は$(FF)_{16}＝255$番地

図 2-6　メモリマップ

2.4　割込み

　コンピュータは，電源を入れた後，主記憶装置上に格納された命令を1つずつ解釈し実行しますが，割込みにより実行する命令を変更することができます。この割込みによって，入出力装置との情報のやりとりができます。また，一定時間ごとの処理を実行することができ，それにより複数の処理を実行することができます。割込みが発生すると，あらかじめ決められた番地にある命令（プログラム）を実行します（割込み処理）。割込みが発生した場合に実行するプログラムが格納されている番地の表を割込みベクトル（interrupt vector）といいます。次の4種類の割込みがあります。

1. タイマ割込み
2. 内部割込み
3. ハードウェア割込み
4. 0割算割込み

　「タイマ割込み」は一定時間ごとに発生する割込みを示します。「内部割込み」は，プログラム中から割込み命令を指定して発生させる割込みで，特権モードでプログラムを実行するときなどに発生させます。「ハードウェア割込み」は装置からCPUに対して発生させる割込みです。たとえば，キーボード(入力装置)のキーを押下するとハードウェア割込みが発生し，指定したプログラムを起動し，キーの番号を調べ，番号に応じた文字を画面に表示します。「0割算割込み」は，演算装置で演算を行うときに0による割算を実行すると発生する割込みです。

2.5　周辺装置

　入力装置，出力装置，その他の補助記憶装置などの装置を合わせて周辺装置といいます。

　入力装置は，キーボード，スキャナ，音声入力装置（マイク）などがあり，出力装置は，ディスプレイ，プリンタ，スピーカなどがあります。最近は，ディスプレイのタッチパネル，コピー機などコンピュータへの入力も出力も同時に行うことができる装置（入出力装置）が多くなっています。入出力装置は，バスを通して主記憶装置と直接やりとりをします。

2.6　入出力装置とバッファ

　入出力装置などの周辺装置とCPUの処理速度は，通常異なります。CPUの処理は，周辺装置に比べ非常に速く処理することができます。そのため，周辺装置とCPUで情報を交換するためには，同期処理（待ち合わせ）が必要になります。さらに，周辺装置はバスまでの距離がコンピュータ内部に比べ非常に長くなるので，仲介する装置として

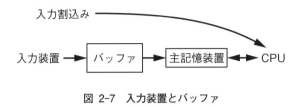

図 2-7 入力装置とバッファ

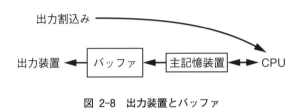

図 2-8 出力装置とバッファ

入出力インタフェースが必要になります。

　以下に，入力装置と，出力装置に分けて，それぞれ主記憶装置と情報を交換する場合の仕組みを説明します。

　入出力装置とバスを通して情報をやりとりするためには，バッファ（buffer）という記憶装置を介して実行します（図2-7）。バッファは，主記憶装置または入出力インタフェースの中にある記憶装置に割り当てられます。

　キーボードなどの入力装置から情報を入力する場合は，入力装置から入力割込みを発生し，バッファに情報を入力します。

　出力装置へ情報を出力する場合は，あらかじめバッファに情報を格納し，出力装置に情報を出力し，完了後，出力装置は出力割込みを発生します（図2-8）。

2.7 補助記憶装置

　周辺装置の中で代表的な装置は補助記憶装置です。最近は，USB メモリがおもな補助記憶装置ですが，さまざまな補助記憶装置があります。

　初期の頃は，紙テープや磁気テープに大量の情報を保存しました。次の世代では，ハードディスクに保存し，1980 年代にパソコンが出現して，フロッピディスクや小型のハードディスクに保存するようになりました。1990 年代に CD，DVD，MD，光ディスクなど新しい補助記憶装置が開発されました。最近では，半導体技術の発達でフラッシュメモリ（不揮発性素子の半導体メモリ）の活用が盛んになり，SSD（Solid State Drive）やUSB メモリを補助記憶装置として使うことが多くなっています。

2.8 論理ゲート

コンピュータは，電気を用いて曖昧さのない形で，大規模に正確に計算ができるように，論理値（真と偽の2つの値）を用いた論理回路で構成されています。ここでは，論理ゲートを使って簡単に2進数の計算をする方法を説明します。

論理回路では，真（true）は成立，偽（false）は不成立を示します。演算としては，「かつ」，「または」という関係を示す AND 演算と OR 演算が代表的ですが，XOR 演算も使います。これは2つの論理値から演算を行う演算子で二項演算子といいます。また，1つの論理値から演算を行う単項演算子があります。これは NOT 演算を使います。

AND 演算，OR 演算，XOR 演算，NOT 演算を示すために真理表を使って表します。簡単のために，真を T，偽を F として示します。たとえば，論理値 P と Q について，それぞれの演算を行った結果は表 2-1 になります。

論理回路では，真（T）を1，偽（F）を0に対応させます。AND 演算では，P と Q がともに真（T）のとき真（T），それ以外のとき偽（F）となります。OR 演算では，P と Q がともに偽（F）のとき偽（F），それ以外のとき真（T）となります。XOR 演算では，OR 演算と同様ですが P と Q がともに真（T）のとき偽（F）となる点が異なります。NOT 演算は，真（T）を偽（F）とし，偽（F）を真（T）とします。

表 2-1　真理表（1）

P	Q	P AND Q	P OR Q	P XOR Q	NOT P
F	F	F	F	F	T
F	T	F	T	T	T
T	F	F	T	T	F
T	T	T	T	F	F

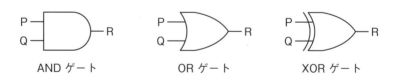

AND ゲート　　　　　　　OR ゲート　　　　　　　XOR ゲート

図 2-9　**AND** ゲート，**OR** ゲート，**XOR** ゲート

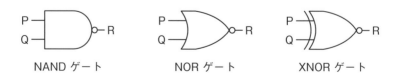

NAND ゲート　　　　　　NOR ゲート　　　　　　XNOR ゲート

図 2-10　**NAND** ゲート，**NOR** ゲート，**XNOR** ゲート

表 2-2　真理表（2）

P	Q	P NAND Q	P NOR Q	P XNOR Q
F	F	T	T	T
F	T	T	F	F
T	F	T	F	F
T	T	F	F	T

　論理回路は，以上の演算を論理ゲートを用い構成します（図2-9）。入力（1または0）をP，Q，出力（1または0）をRとします。

　さらに，○印でNOT演算を示した論理ゲートを使うこともあります（図2-10）。各ゲートの○印はNOT演算を示し，出力にNOT演算を行うことを示します。たとえば，それぞれの演算を行うと表2-2になります。

2.9　2進数の計算

　論理ゲートを組み合わせて演算器という論理回路を構成し，2進数の加算を行ってみましょう。以下，真（T）を1，偽（F）を0として扱います。

2.9.1　半加算器

　まず，2進数の1桁（1ビット，bit）の加算をする演算器を考えます。ここで紹介する演算器を「半加算器」といいます（図2-11）。

　各記号は，1または0（1ビット）を示し，入力をP，Qとし，出力はC，Sとなります。以下の加算を行うことを示します。

$$
\begin{array}{r}
P \\
+\quad Q \\
\hline
CS
\end{array}
$$

　PとQの各1ビットに対して加算を行うので，0＋0 = 0，1＋0 = 1，0＋1 = 1，1＋1 = 10の4通りが考えられ，Sに相当する結果の1の位はXOR演算でよいことがわか

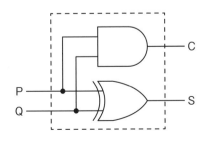

図 2-11　半加算器

ります。「桁上げ」を示す C は AND 演算でよいことがわかります。

2.9.2　全 加 算 器

　半加算器は1の位にしか適用できません。より下位の桁からの桁上げ R を考慮した「全加算器」を紹介します。

$$
\begin{array}{r}
P \\
Q \\
+ \quad R \quad \text{←より下位の桁からの桁上げ} \\
\hline
CS
\end{array}
$$

　$P+Q+R$ の計算を行うため，図 2-12 のように，半加算器を2つ組み合わせれば結果の1の位 S は，正しく計算されることがわかります。桁上げ C については，2つの加算について，ともに桁上げをする（C_1 と C_2 が1になる）ことはないので，OR 演算でよいことがわかります。

　表 2-3 に各端子の値をまとめてみます。

　さらに，入力と出力を抽出したものを表 2-4 に示します。

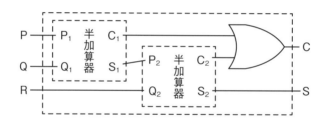

図 2-12　全加算器

表 2-3　各端子の値（全加算器）

P	Q	C_1	S_1	P_2	R	C_2	S_2	C
0	0	0	0	0	0	0	0	0
0	1	0	1	1	0	0	1	0
1	0	0	1	1	0	0	1	0
1	1	1	0	0	0	0	0	1
0	0	0	0	0	1	0	1	0
0	1	0	1	1	1	1	0	1
1	0	0	1	1	1	1	0	1
1	1	1	0	0	1	0	1	1

表 2-4　入力と出力（全加算器）

P	Q	R	C	S
0	0	0	0	0
0	1	0	0	1
1	0	0	0	1
1	1	0	1	0
0	0	1	0	1
0	1	1	1	0
1	0	1	1	0
1	1	1	1	1

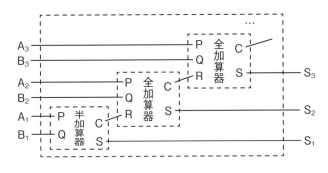

図 2-13　加算器

2.9.3　加算器

　準備が整ったので，以下のような複数桁の計算をする論理回路を考えます。ただし，各記号は2進数の1桁を表します。

$$
\begin{array}{rccc}
 & A_3 & A_2 & A_1 \\
+ & B_3 & B_2 & B_1 \\
\hline
 & S_3 & S_2 & S_1
\end{array}
$$

　全加算器を組み合わせ1の位の加算から順に，桁上げCを次の位の入力Rにすることにより，複数桁の加算を行うことができます。1の位の加算は半加算器を用います。この論理回路を「加算器」といいます（図2-13）。

2.10　クロック

　コンピュータの演算や制御を司るCPUへは，パルス信号を論理回路へ入力し命令を実行します。パルス信号は図2-14で示すことができます。

　通常は，+0Vと+5Vを一定周期で繰り返すパルス信号として表され，非常に精密で正確なパルス信号をコンピュータへ入力します。

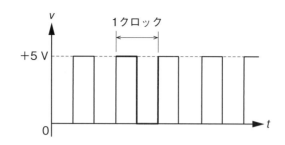

図 2-14　パルス信号

　入力されるパルス信号の量は，1秒間に発生するパルスの量で示し Hz（ヘルツ）とい
います。たとえば，5 GHz は 5,000,000,000 回 / 秒となります。パルス信号の 1 周期をク
ロック（clock）といいます。

　1秒間に発生するパルス信号を多くすると，論理回路からなるコンピュータは速く処
理できるようになりますが，あまりにも多く発生すると熱を発生してしまい誤動作の原
因となってしまいます。そのため，誤動作にならない程度に多くのパルス信号を発生さ
せるように設計されています。

　できるだけ，熱を発生させないためには，半導体素子を小さくする必要があります。
現在の CPU は，限界に近い「小ささ」といわれています。従来の CPU にあたる装置を
コア（core）いい，最近では，複数のコアで 1 つの CPU を形成するためマルチコア（multi
core）であるといいます。1 つの CPU パッケージに 2 個か 4 個か 8 個のコアを積んでい
る CPU も珍しくありません。

2章の練習問題

2-1 コンピュータの5大装置ではないものはどれか。次の中から選びなさい。

(1) 入力装置　　(2) 記憶装置　　(3) 自動装置　　(4) 演算装置

2-2 コンピュータの割込みではないものはどれか。次の中から選びなさい。

(1) ハードウェア割込み　　(2) 途中割込み　　(3) 0割算割込み　　(4) 内部割込み

2-3 入力装置はどれか。次の中から最も適切なものを選びなさい。

(1) ディスプレイ　　(2) プリンタ　　(3) スピーカ　　(4) キーボード

2-4 出力装置はどれか。次の中から最も適切なものを選びなさい。

(1) スピーカ　　(2) マイク　　(3) スキャナ　　(4) ビデオカメラ

2-5 ナチュラルコンピューティングと関係ないものはどれか。次の中から選びなさい。

(1) 分子コンピュータ　　(2) そろばん　　(3) 量子コンピュータ　　(4) DNA計算

2-6 CPUの中にある装置は，「演算装置」とどれか。次の中から最も適切なものを選びなさい。

(1) 外部記憶装置　　(2) 入力装置　　(3) 周辺装置　　(4) 制御装置

2-7 CPUを司るクロックの説明はどれか。次の中から最も適切なものを選びなさい。

(1) 時計の短針が1周すること　　(2) コンピュータで計算できる非常に短い時間

(3) パルス信号の1周期　　(4) 電流が回路の中を1周すること

2-8 以下の論理回路を何というか。次の中から最も適切なものを選びなさい。

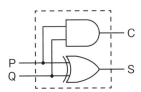

P, Q は入力端子
C, S は出力端子

(1) 半加算器　　(2) 全加算器　　(3) 演算器　　(4) 加算器

2-9 「バッファ」の日本語訳はどれか。次の中から最も適切なものを選びなさい。

(1) 装置　　(2) 通信線　　(3) 後方　　(4) 緩衝

2-10 コンピュータに関係する「キャッシュ（cache）」の説明はどれか。次の中から最も適切なものを選びなさい。

(1) 効率よく情報伝達するためにつくられた記憶装置　　(2) 装置の値段

(3) CPUの種類　　(4) 情報伝達のために鎖状につながれた記憶装置

3 情報の表現

　普段の生活の中では「データ」と「情報」という言葉を厳密に使い分けることはあまりありませんが，情報処理やコンピュータ科学という立場からは，状況に応じて以下の観点から用語として使い分けることがあります。

3.1　コンピュータによる情報処理

　コンピュータに数値や文字などを入力し，処理を実行して結果を得る情報処理のプロセスにおいて，「データ」はコンピュータで直接利用できる状態の数値や文字列であり，「情報」はデータに対してコンピュータで加工処理を行い何らかの意味をもたせたものとみなすことができます。たとえば，テストの得点を集計して各人の成績を求める成績管理の処理を実行するプロセスでは，処理の対象となる受験者の氏名・数学得点・英語得点などは，コンピュータに入力する文字列や数値で表された「データ」であり，コンピュータで処理を実行し結果として出力される平均点・順位・評価などは加工され意味をもった「情報」とみなすことができます（図3-1）。

図 3-1　コンピュータ処理によるデータと情報

3.2　受け取り手による解釈

　受け取り手による解釈によってデータを情報と区別する立場からは，同じ数値や文字であっても，それを受信した側がどのように受け止めるかによって解釈が異なります。
　たとえば，ある人 A が「634」という数値を受け取ったときに，その人が知りたかったことを知り得たという状態変化があった場合は，A にとって「634」は情報となります。

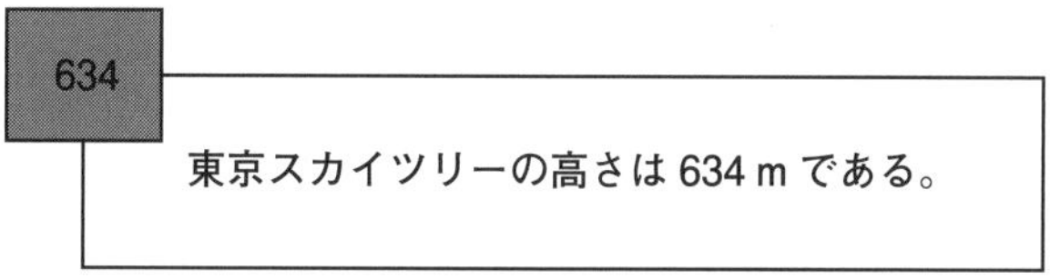

634

東京スカイツリーの高さは 634 m である。

➢ 受け取り手 A はその高さを知らず興味がある：
　知らない状態 → "634" → 知りたいことを知った
　　　A にとって"634" は「情報」
➢ 受け取り手 B はその高さをすでに知っている：
　すでに知っている状態 → "634" → 新しい変化は起こらなかった
　　　B にとって"634"は「データ」

図 3-2　受け取り手によるデータと情報の解釈

一方，別の人 B が同じ数値を受け取ったときに，知りたいことが何も得られなかった
ならば，それはデータという位置づけになります（図 3-2）。

3.3　アナログとデジタル

　自然界の物理的な物の大きさや重さなどは，その量が連続的に変化するアナログ量で
すが，それに対して，コンピュータの内部ではそれらは離散的な量で表現されデジタル
量として処理されます。

3.3.1　アナログ式

　連続した量を測定することで大きさを表現する方法をアナログ式といいます。たとえ
ば，ものさし，定規，古くから使用されてきた体重計などは，連続した量である長さや
重さを測定するアナログ式の道具といえます。この連続とは，任意の数の間に小数が連
続的に無数に詰まっている状態をいいます。また，連続的に変化する信号（値の時間的
な変化）をアナログ信号といい，たとえば，自然界の音や光，電気や温度などはすべて
アナログ信号の一種であり，一般にこれらアナログ信号は時間経過に伴ってその大きさ
が滑らかに変化します。

3.3.2　デジタル式

　区別できる離散の単位を数えることで大きさを表現する方法をデジタル式といいま
す。離散とは量や大きさを 1 個，2 個といった個数や，きりのよい整数値などを使って
表現する方法で，たとえば，そろばん，計数機，万歩計などはデジタル式に量を数える
道具といえます。そして，現代のコンピュータは，処理対象を離散的データへ変換して
処理を実行する典型的なデジタル式の装置として位置づけられます。また，離散的に変
化する信号をデジタル信号といい，コンピュータの内部では音声や色，電気信号などは

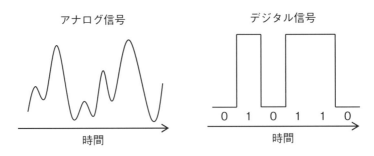

図 3-3　アナログ信号とデジタル信号

いずれもデジタル信号として処理されます。さらに，広い意味では，脈拍や歩数を計測したものなどもデジタル信号といえるでしょう。デジタル信号は離散的な値をとるため，そのグラフは長方形状の矩形や階段状の形になります（図 3-3）。

3.3.3　信号とノイズ

　処理対象となるデータをデジタル信号として表すことによって，次のような基本的な特性をもたせることができます。

　（1）　ノイズに強くネットワークを介した転送に向く

　（2）　コピーが容易でオリジナルとまったく同じ複製を作成可能

　どちらも本質的には，デジタル信号に物理的に加わるノイズ（乱れを生じさせる不要な情報）を理論的な処理で比較的容易に取り除くことができるということが，そのおもな理由になります（図 3-4）。

　データをコピーやダウンロードすると，信号が回路やネットワークを介して伝送され

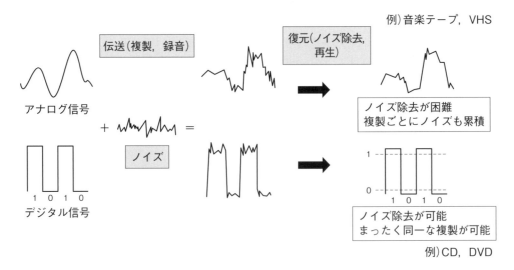

図 3-4　ノイズの発生と除去

ることになりますが，その際，物理的な信号には回路の外部などからさまざまな要因によりノイズが加わります。もとの信号がアナログでもデジタルでも伝送中に受けるノイズの影響は避けられませんが，アナログ信号の場合は波形が音や画像などを直接的に表現しているため，ノイズが加わり波形が乱れると音や画像そのものがそれだけ劣化します。さらに，劣化した信号からノイズを完全に除去してもとの信号を正確に復元することは不可能であるため，コピーなどを実行するたびに劣化が重なることになります。一方，デジタル信号の場合は，波形にある程度のノイズが加わり信号が劣化しても，矩形があるか無いか（1か0か）が判断できる場合は，もとのデータを完全に復元することが可能です。

　このように，信号をデジタル化することにより，ノイズによる劣化への耐性を向上させるといった特性が得られます。

3.4　信号のデジタル化

　現実世界の音や画像などのアナログ信号をコンピュータで処理するためには，それらをデジタル信号へ変換する処理を行います。アナログ信号をデジタル信号へ変換することを「デジタル化」といい，その処理は標本化と量子化の2つの基本的なステップから構成されます。まずは，電圧が時間的に変化するようなアナログ信号のデジタル化を以下で考えます。

3.4.1　音声のデジタル化
(1)　標本化（サンプリング）
　アナログ信号が時間経過（横軸）に従って連続的に変化する電圧（縦軸）として与えられた場合（図 3-5 (a)），横軸の時間間隔を離散的な値（0, 1, 2, … など）で区切ることで，横軸の目盛りを離散値に変換します（図 3-5 (b)）。この操作を標本化（サンプリング，sampling）といいます。
(2)　量子化
　連続的な電圧の変化を測定している縦軸を一定間隔に区切り，電圧の値を離散値で表します（図 3-5 (c)）。この操作を量子化（quantization）といいます。

　このようにして，離散化された横軸と縦軸の目盛りの交点で信号をとらえることで，デジタル信号が階段状の波形として得られます（図 3-5 (d)）。実際のコンピュータによる処理においては，さらに2進数に変換し，0, 1の電圧に置き換えるなどの処理が加わります。

　デジタル化により得られたデジタル信号は，もとのアナログ信号に完全には一致せず，もとの信号の近似値となることに注意が必要です。また，その近似精度は，標本化と量子化における各軸の離散間隔のとり方に依存し，たとえば細かくするほど近似精度が高くなるといったことが，グラフから読み取れます。

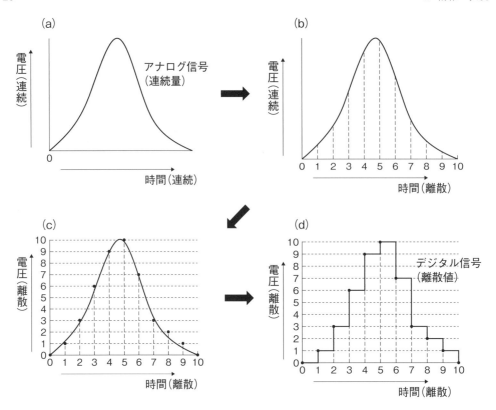

図 3-5　アナログ信号の標本化と量子化

3.4.2　画像のデジタル化

　画像の場合は，離散的な点（画素または pixel という）により連続的な平面を区切る
処理が標本化になります。一般的には図 3-6 のように，1 枚の画像を M 行 N 列の格子
状に配置された画素から構成されるものとみなします。そして，各画素における色の表
現を離散値で与える操作を量子化といい，たとえば，黒から白までの間を 256 段階の値
で表す（1 バイトで表現できる）ことで画素の濃淡を表します。

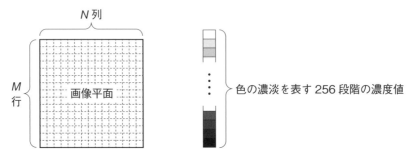

図 3-6　画像の標本化と量子化

 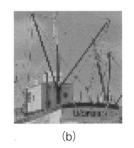 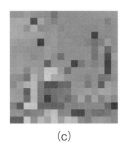

(a)　　　　　　　　　　(b)　　　　　　　　　　(c)

図 3-7　デジタル化された画像

画素数は (a) 256 × 256, (b) 64 × 64, (c) 16 × 16

　前述の音声データのアナログ信号のデジタル化の場合と同様に，もとの画像をどれだけ正確に表現できるかといった近似精度は，標本化や量子化のとり方に依存します。図3-7 の例は，異なる標本化の設定により得られた画像で，画素数が少なくなるほど画像の見た目が粗くなり，もとの画像に対する近似精度が低くなることがわかります。

3.5　情　報　量

　情報量を表す最小単位を 1 ビット（bit）といいます。1 ビットは off と on の 2 つの状態をとる 1 個の電球にたとえることができます。この off を 0, on を 1 とおくと，2 つの数のどちらか一方をとる 1 桁の数と考えることができます。

3.5.1　ビット数と表現可能な情報量

　1 ビットの情報があれば 0 か 1 の 2 つの状態を表現でき（1 個の電球が点いているか

1 ビット　　2 ビット　　　3 ビット

| 0 |
| 1 |

2 状態

0	0
0	1
1	0
1	1

4 状態

0	0	0
0	0	1
0	1	0
0	1	1
1	0	0
1	0	1
1	1	0
1	1	1

8 状態

図 3-8　ビットと状態数

表 3-1　ビット数と状態の数

ビット数	状態数
1	$2^1 = \quad 2$
2	$2^2 = \quad 4$
3	$2^3 = \quad 8$
4	$2^4 = \quad 16$
5	$2^5 = \quad 32$
6	$2^6 = \quad 64$
7	$2^7 = \quad 128$
8	$2^8 = \quad 256$
9	$2^9 = \quad 512$
10	$2^{10} = 1024$

消えているかという2つの状態），2ビットの情報があればこれが2つ並んで00，01，10，11の4状態（並んだ2個の電球のoffかonの組み合わせパターン）が表せます。同様にして，3ビットでは000，001，…，110，111の8状態が表現できます（図3-8）。

一般に，nビットで表現できる状態は2^n通りになります。表3-1に1～10ビットに対して表現できる状態の数を示します。コンピュータの内部では，データをビット単位で保持して処理を実行します。多くのデータを区別して処理しようとすると，それに応じて多くのパターンを区別できるだけの状態数，すなわちビット数を用意する必要があります。たとえば，10種類の数字を区別して処理しようとする場合，3ビットでは2^3＝8状態となるので8つの数字までしか区別して表現できません。しかし，4ビットあると2^4＝16状態まで区別することが可能になります。したがって，この場合，10種類の数を処理するには最低でも4ビットを用意する必要があるということになります。

また，8ビットをまとめて1バイト（byte）といい，単位記号Bで表します。

$$1\,\mathrm{B} = 1\,バイト = 8\,\mathrm{bit}$$

たとえば，4096ビットは$4096 \div 8 = 512\,\mathrm{B}$のように換算されます。扱うデータの種類や量などの状況に応じて，適宜ビットとバイトを使い分けることになります。

3.5.2　情報量の単位

大きな情報量を扱う際には，バイトを表すBの前に記号（接頭辞という）を付加して表します。たとえば，1024 B（バイト）をまとめて1 KiB（キビバイト）と表します。基準となる数が1024（＝2^{10}）であることに注意しましょう。同様にして，より大きな数を表す際の接頭辞を表3-2に示します。

市販のコンピュータや拡張機器のカタログ表記などでは代わりに，k（キロ），M（メガ），G（ギガ），T（テラ），P（ペタ），E（エクサ），Z（ゼタ），Y（ヨタ）を用いて，kB（キロバイト），MB（メガバイト）のような表記が用いられることがあります。この場合は，上記と同様に1 kBが1 KiB（1024 B）を意味する場合に加えて，表3-3のように1 kBが1000 Bを意味する場合があります。大雑把に言えば両者にそれほど大きな違いはあ

表 3-2　情報量の単位（1）

単位	読み方	2^nB	漢数字（おおよそ）
1 KiB	キビバイト	2^{10}B	千
1 MiB	メビバイト	2^{20}B	百万
1 GiB	ギビバイト	2^{30}B	十億
1 TiB	テビバイト	2^{40}B	一兆
1 PiB	ペビバイト	2^{50}B	千兆
1 EiB	エクスビバイト	2^{60}B	百京
1 ZiB	ゼビバイト	2^{70}B	十垓
1 YiB	ヨビバイト	2^{80}B	一秭

表 3-3 情報量の単位（2）

単位	読み方	10^n B	漢数字
1 kB	キロバイト	10^3 B	千
1 MB	メガバイト	10^6 B	百万
1 GB	ギガバイト	10^9 B	十億
1 TB	テラバイト	10^{12} B	一兆
1 PB	ペタバイト	10^{15} B	千兆
1 EB	エクサバイト	10^{18} B	百京
1 ZB	ゼタバイト	10^{21} B	十垓
1 YB	ヨタバイト	10^{24} B	一秭

りませんが，厳密な計算が必要な場合は，どちらを前提としているかに注意が必要です。

3.6 数値データの表現

　現代のコンピュータのハードウェアの基本部分はトランジスタ回路（電気の on/off を行うようなスイッチの役割をもつ回路）の集まりで構成されており，このスイッチ回路に電流が流れているか否かの 2 つの状態を組み合わせることで，さまざまな演算を行っています。この電流の off と on を 0 と 1 とおくと，回路による処理は 0 と 1 のみで表される 2 進数による演算ととらえることができます。私たちは普段，10 という大きさをひとまとまりとして考える 10 進数を用いていますが，コンピュータ内部では 2 進数による演算の組み合わせでさまざまな処理が実行されています。2 進数と 10 進数，または一般化した N 進数は相互に変換が可能です。

　基数による記数法では，基準となる数のべき乗を各桁の重みとして数を書き表します。

（1） 10 進数

　10 進数は 0 〜 9 の 10 種類の数字を用いて 1 桁を表します。各桁は 10 という大きさを基準とし，たとえば次のように表現されます。

　　例：$(523)_{10} = 5 \times 100 + 2 \times 10 + 3 \times 1$
　　　　　　$= 5 \times 10^2 + 2 \times 10^1 + 3 \times 10^0$

　この基準となる 10 を基数といい，基数のべき乗で表される 10^2，10^1，10^0 を重みといいます。一般に，N 進数の重みは基数 N について N^n（$n = 0, 1, 2, \cdots$）と書くことができます。括弧の右下の値は，その数の基数を意味します（上の例の $(523)_{10}$ では，523 の基数が 10）。

（2） 2 進数

　上記の 10 進数と同様に考えて，2 進数では 0，1 の 2 種類の数字を用いて 1 桁を表します。各桁は 2 という大きさを基準とします。

例：$(1011)_2 = 1 \times 2^3 + 0 \times 2^2 + 1 \times 2^1 + 1 \times 2^0$

2 進数の基数は 2，重みは 2^n で，この場合は $n = 0, 1, 2, 3$ になります。

（3） 8 進数

同様に，8 進数は $0 \sim 7$ の 8 種類の数字を用いて 1 桁を表します。基数は 8，重みは $8^n (n = 0, 1, 2, \cdots)$ になります。

例：$(35)_8 = 3 \times 8^1 + 5 \times 8^0$

（4） 16 進数

16 進数では 1 桁の数を表すのに 16 種類の数字が必要になるため，数字の $0 \sim 9$ の 10 種類に加えてアルファベットの A $\sim$ F（A = 10, B = 11, $\cdots$, F = 15）の計 16 種類の数字と文字を使用します。基数は 16，重みは $16^n (n = 0, 1, 2, \cdots)$ となります。

例：$(2F)_{16} = 2 \times 16^1 + F \times 16^0$

8 進数や 16 進数を使うとコンピュータが内部で扱う 2 進数を短く表現できるなどの利点があり，プログラムのソースコード内でのデータ表記や記憶装置のアドレス表現などの場面で用いられます。

3.7　N 進数と N 進法

前述の基数による記数法を一般化すると，m 桁の N 進数 $d_m d_{m-1} d_{m-2} \cdots d_2 d_1$ は，次式のように表されます。

$$d_m d_{m-1} d_{m-2} \cdots d_2 d_1 = d_m N^{m-1} + d_{m-1} N^{m-2} + d_{m-2} N^{m-3} + \cdots + d_2 N^1 + d_1 N^0$$

$$(\text{ただし，} 0 \leq d_m, d_{m-1}, \cdots, d_1 < N)$$

また，N を基数とする数の表現法を N 進法といいます。

基数による記数法を用いると，同じ大きさの整数を任意の基数により異なった形式で表記できることになります。たとえば，2 桁の 10 進数 $(15)_{10}$ は，4 桁の 2 進数 $(1111)_2$ と大きさとしては同じであり，かつ，1 桁の 16 進数 $(F)_{16}$ とも表記は異なりますが同値です。10 進数の $1 \sim 16$ に対応する 2 進数，8 進数，16 進数について表 3-4 に示します。

表 3-4　10 進数と 2 進数，8 進数，16 進数の対応

10 進数	2 進数	8 進数	16 進数	10 進数	2 進数	8 進数	16 進数
1	1	1	1	9	1001	11	9
2	10	2	2	10	1010	12	A
3	11	3	3	11	1011	13	B
4	100	4	4	12	1100	14	C
5	101	5	5	13	1101	15	D
6	110	6	6	14	1110	16	E
7	111	7	7	15	1111	17	F
8	1000	10	8	16	10000	20	10

3.8 基 数 変 換

2 進数，8 進数，16 進数といった他の N 進数から 10 進数へ変換したり，逆に 10 進数から他の N 進数へ変換する具体的な方法について説明します。

3.8.1 N 進数から 10 進数への変換

基数による記数法で重みを用いて各桁が書き表された数は，その式を展開して計算を進めることで，目的の 10 進数へ変換することができます。以下に，それぞれの場合についてその例を示します。

＜2 進数 → 10 進数＞

例：$(1011)_2$ を 10 進数へ変換する

$$
\begin{aligned}
(1011)_2 &= 1\times2^3+0\times2^2+1\times2^1+1\times2^0 \quad \cdots\cdots \text{各桁の重みを用いて表す}\\
&= 1\times8+0\times4+1\times2+1\times1 \quad \cdots\cdots \text{右辺の計算を進める}\\
&= 8+0+2+1\\
&= (11)_{10} \quad \cdots\cdots \text{10 進数の 11 に変換された}
\end{aligned}
$$

＜8 進数 → 10 進数＞

例：$(35)_8$ を 10 進数へ変換する

$$
\begin{aligned}
(35)_8 &= 3\times8^1+5\times8^0\\
&= 3\times8+5\times1\\
&= (29)_{10} \quad \cdots\cdots \text{10 進数の 29 に変換された}
\end{aligned}
$$

＜16 進数 → 10 進数＞

例：$(2F)_{16}$ を 10 進数へ変換する

$$
\begin{aligned}
(2F)_{16} &= 2\times16^1+15\times16^0\\
&\quad\quad\cdots\cdots \text{16 進数 A～F は対応する 10 進数 10～15 に置き換える}\\
&= 2\times16+15\times1\\
&= (47)_{10} \quad \cdots\cdots \text{10 進数の 47 に変換された}
\end{aligned}
$$

3.8.2 10 進数から N 進数への変換

10 進数から 2 進数や 8 進数などへ変換するには，次のような簡便な方法があります。詳細はここでは省略しますが，以下のように基数 N で割って剰余（余り）を求める計算を繰り返すと，目的の N 進数を求められることが理論的に証明されています。

<10 進数 → 2 進数>

例：$(14)_{10}$ を 2 進数へ変換する

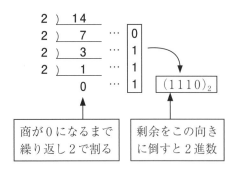

<10 進数から 2 進数へ変換する簡便法>

1）10 進数の 14 を 2 で割って剰余を求める。
　　→ 商が 7，余りが 0 となる。

2）求まった商の 7 を 2 で割って剰余を求める。
　　→ 商が 3，余りが 1 となる。

3）以上を商が 0 になるまで繰り返す。

4）最後に剰余を下から順に横に並べると 2 進
　　数が得られる。

　　同様にして，8 進数や 16 進数へ変換する場合は，上記では 2 で割ったところを 8 や
16 で割ることで，目的の数を求めることができます。

<10 進数 → 8 進数>

例：$(103)_{10}$ を 8 進数へ変換する

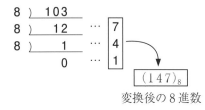

変換後の 8 進数

<10 進数 → 16 進数>

例：$(421)_{10}$ を 16 進数へ変換する

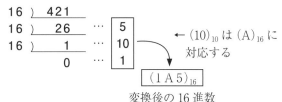

← $(10)_{10}$ は $(A)_{16}$ に
対応する

変換後の 16 進数

　　上記では商が 0 になるまで繰り返し割る操作を行っていますが，代わりに商が割る数
より小さくなった時点で計算を止めて最後の商を含めて並べても，同様の結果が得られ
ます。このような手順により，10 進数から任意の N 進数への基数変換を行うことがで
きます。

3.8.3　8 進数と 16 進数の変換

　　8 進数と 16 進数を直接に変換する簡単な方法はありませんが，2 進数を介することで，
比較的簡単に双方へ変換することができます。また，2 進数と 8 進数，2 進数と 16 進数
の変換については，以下の手順の中に含まれる考え方で求めることができます。

<8 進数 → 16 進数>

例：$(57)_8$ を 16 進数へ変換する

（i）8 進数の 1 桁は 2 進数の 3 桁に対応する（$8 = 2^3$ による）ことを利用して，5 と 7
　　の各桁について 3 桁の 2 進数で表して並べます。

$$\boxed{5}\;\boxed{7}$$
$$\parallel\quad\parallel$$
$$101\quad 111\longrightarrow(101111)_2$$

(ii) 2進数の4桁は16進数の1桁に対応する（$16 = 2^4$ による）ことを利用して，得られた2進数を下位から4桁ごとに分解し，それぞれ1桁の16進数で表します。上位の桁がない場合は便宜的に0と考えます。これで変換後の16進数 $(2F)_{16}$ が得られます。

$$\boxed{0010}\;\boxed{1111}$$
$$\parallel\quad\parallel$$
$$2\quad(15)_{10}=(F)_{16}\longrightarrow(2\,F)_{16}$$

＜16進数 → 8進数＞

例：$(B5)_{16}$ を8進数へ変換する

(i) 16進数の1桁は2進数の4桁に対応することから，2つの4桁の2進数 $(1011)_2$ と $(0101)_2$ を求めて，これらを並べた $(10110101)_2$ を得ます。

$$\boxed{B}\;\boxed{5}$$
$$\parallel\quad\parallel$$
$$1011\quad0101\longrightarrow(10110101)_2$$

(ii) 8進数は3桁の2進数に対応することから，得られた2進数を下位から3桁ごとに分解し，それぞれを8進数で表します。得られた各桁の8進数を並べると変換後の $(265)_8$ が得られます。

$$\boxed{010}\;\boxed{110}\;\boxed{101}$$
$$\parallel\quad\parallel\quad\parallel$$
$$2\quad\;6\quad\;5\longrightarrow(265)_8$$

上記の変換の流れをまとめると図3-9のようになります。

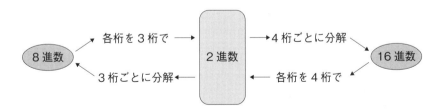

図 3-9　8進数と16進数の変換

3.9　補　　数

　これまでの数は，正の整数を考えてきましたが負の整数の表現を考えてみましょう。
2 進数の 4 ビットの場合を考え，大体半々に正の数と負の数になるように考えると，「各
ビットを反転する」ことが考えられます（表 3-5）。たとえば，$(0101)_2 = 5$ の各ビット
を反転し，$(1010)_2$ を -5 とすることです。

　しかし，この方法だと，4 ビットで -7 から 7 まで表現できるものの，0 が 2 つの表
現で示されてしまいます。そこで，「各ビットを反転し 1 を足す」という方法に変える
とうまくいきそうです（表 3-6）。

　ここで，補数を導入します。N 進数 n に対して，「N－1 の補数」と「N の補数」を定
義することができます。「N－1 の補数」は，n の各桁を N から引いた数，「N の補数」は，
「N－1 の補数」に 1 足した数です。たとえば，10 進数 36 に対して，9 の補数は 74，10
の補数は 75 となります。同様に，2 進数に対して「1 の補数」と「2 の補数」を定義す
ることができます。1 の補数は，各桁を 1 から引くので，「ビット反転」と同じです。2
の補数は，1 の補数に 1 足すということです。

　表 3-6 の方法は，「2 の補数を負の数に対応させる」ということでした。コンピュー

表 3-5　負の数（ビット反転）

2 進数	10 進数	2 進数	10 進数
0000	0	1000	-7
0001	1	1001	-6
0010	2	1010	-5
0011	3	1011	-4
0100	4	1100	-3
0101	5	1101	-2
0110	6	1110	-1
0111	7	1111	0

表 3-6　負の数（ビット反転と 1 を足す）

2 進数	10 進数	2 進数	10 進数
0000	0	1000	-8
0001	1	1001	-7
0010	2	1010	-6
0011	3	1011	-5
0100	4	1100	-4
0101	5	1101	-3
0110	6	1110	-2
0111	7	1111	-1

表 3-7 ビット数と表現できる数

ビット数	表現できる数
4	$-8 \sim 7$
8	$-256 \sim 257$
16	$-32768 \sim 32767$
32	$1073741824 \sim 1073741823$
64	-2 の 64 乗 ~ 2 の 64 乗 -1

タ内部で負の数を表す際には，ビット数を固定して正の数（2進数）の2の補数を求め，負の数とすることです。逆に負の数の2の補数を求めると正の数となります[1]。

4ビットでは，$-8 \sim 7$ までの整数を表現することができます。そのため，表3-7のようになります。

一般に，N ビットの2の補数で表現できる数の範囲は $-2^{N-1} \sim 2^{N-1}-1$ となります。

3.10 小数の内部表現

2進数で小数を表すことも可能です。たとえば，10進数の 0.5 を2進数に変換します。

0.5 から始めて2倍していきます。その際に，整数部の1は無視して 小数部のみを2倍を繰り返します。小数部が0になったら終了です（図3-10）。$(0.5)_{10}$ は，$(0.1)_2$ になります。次に，10進数 0.1 を考えてみましょう。

0.1 を2倍し 0.2，0.2 を2倍し 0.4，0.4 を2倍し 0.8，0.8 を2倍し 1.6 となりますが，整数部の1を省略し，0.6 を2倍し 1.2，1.2 の整数部の1を省略し，0.2 を2倍し 0.4，先ほどの 0.4 と同じになります（図3-11）。結果として，0.0001100110011… となり，無限小数となります。「10進数の小数を2進数の小数に変換すると無限小数になりやすい」ことが知られています。

このように，2進数の小数をコンピュータの記憶装置にビットとして記録することができます（図3-12）。

実際には，コンピュータ内部では数値は固定小数点数または浮動小数点数の形式で表現されます。どちらも1つの数に割り当てるビット数に応じて扱える値の範囲が決まります。

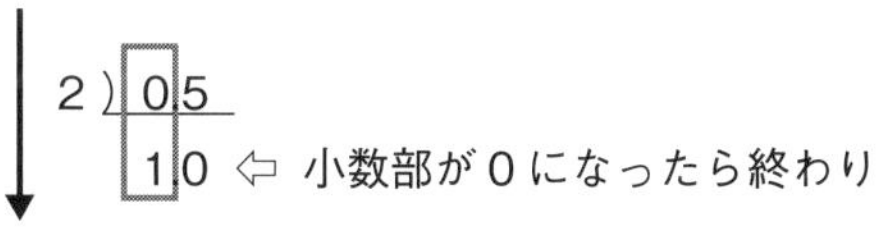

$$2 \underline{)\, 0.5}$$
$$1.0 \Leftarrow 小数部が0になったら終わり$$

図 3-10 10進数小数から2進数小数への変換（1）

---

1) 端数の -8（1000）の2の補数は，同じ 1000 になりますが，4ビットでは8を表せません。特別扱いとなります。

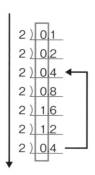

図 3-11　10 進数小数から 2 進数小数への変換 (2)

図 3-12　小数のビット表現 (16 ビット)

3.10.1　固定小数点数

　固定小数点数は，固定された桁位置に小数点があるものとして数を表現します。たとえば，下から 2 桁目と 3 桁目の間の位置に固定された小数点があるものとすれば，数値データの 12813 は小数点数 128.13 を表しているものとみなせます。さらに，1 桁目の右側に固定された小数点があるとすれば，0 以上の整数を表現することもできます。

3.10.2　浮動小数点数

　非常に大きな（または小さな）数を表現するために小数点の位置を変えられるようにしたのが浮動小数点数です。たとえば，10 進数 231000 の浮動小数点数による表記は
$$231000 = 2.31 \times 10^5$$
となりますが，このときの 5 を指数，2.31 を仮数といいます。正負の符号は 0 か 1 で表します。コンピュータの内部では，これらの各部分に対してそれぞれ特定のビット数を割り当てて表現します。

　符号部，指数部，仮数部を合わせて 32 ビットで表現する標準的な浮動小数点数では，符号部に 1 ビット，指数部に 8 ビット，仮数部に 23 ビットをそれぞれ割り当てます（図3-13）。この表現により，10 進数では $\pm 1.17549 \times 10^{-38} \sim \pm 3.40282 \times 10^{38}$ の範囲の数を扱うことが可能になります。

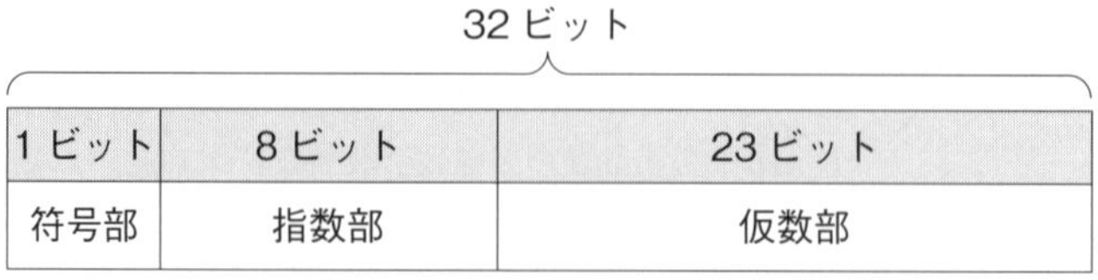

32 ビット

1 ビット	8 ビット	23 ビット
符号部	指数部	仮数部

図 3-13　浮動小数点数

3 章の練習問題

3-1　次の中から処理方法がデジタル式とみなせないものはどれか。次の中から選びなさい。

(1)　分同天秤　　(2)　そろばん　　(3)　コンピュータ　　(4)　水銀式体温計

3-2　アルファベットの小文字 a ～ z の 26 文字をコンピュータ内部で区別して表現するには最低
でも何ビット必要か。次の中から最も適切なものを選びなさい。

(1)　2 ビット　　(2)　5 ビット　　(3)　13 ビット　　(4)　26 ビット

3-3　1024 ビットは何バイトか。次の中から選びなさい。

(1)　128 バイト　　(2)　512 バイト　　(3)　1024 バイト　　(4)　8192 バイト

3-4　3 KiB は何ビットか。次の中から選びなさい。

(1)　24 ビット　　(2)　3072 ビット　　(3)　24000 ビット　　(4)　24576 ビット

3-5　記憶容量が 1.44 GB の USB メモリがあるとき，この中に 256 MB のファイルを最大いくつま
で保存できるか。次の中から選びなさい。ただし，ここでは 1 GB = 1024 MB であるとする。

(1)　4　　(2)　5　　(3)　6　　(4)　7

3-6　2 進数の表現として正しいものはどれか。次の中から最も適切なものを選びなさい。

(1)　10012　　(2)　11F　　(3)　2020　　(4)　101

3-7　2 進数の $(110101)_2$ を 10 進数に変換するといくつになるか。次の中から選びなさい。

(1)　$(35)_{10}$　　(2)　$(53)_{10}$　　(3)　$(65)_{10}$　　(4)　$(110)_{10}$

3-8　16 進数の $(2A8)_{16}$ を 10 進数に変換するといくつになるか。次の中から選びなさい。

(1)　$(680)_{10}$　　(2)　$(1250)_{10}$　　(3)　$(2180)_{10}$　　(4)　$(1010101000)_{10}$

3-9　10 進数の $(162)_{10}$ を 2 進数に変換するといくつになるか。次の中から選びなさい。

(1)　$(111001)_2$　　(2)　$(1010001)_2$　　(3)　$(10100010)_2$　　(4)　$(10100001)_2$

3-10　8 進数の $(576)_8$ を 16 進数に変換するといくつになるか。次の中から選びなさい。

(1)　$(382)_{16}$　　(2)　$(17E)_{16}$　　(3)　$(18B)_{16}$　　(4)　$(37C)_{16}$

4 情報通信ネットワーク

　コンピュータが開発された当初から1950年代中頃までは，コンピュータが他のコンピュータとつながることはあまり想定されておらず，巨大で高価なコンピュータのもとに人間がデータやプログラムを運び，実行結果を持ち帰っていました。しかし，現在のコンピュータの多くは情報通信ネットワークでつながっており，人間が利用するデータやプログラムの伝達だけでなく，各種センサデータの収集や機器の管理なども自動的，半自動的にネットワークを介して実行されています。中でも「インターネット」といわれるコンピュータネットワークは，今や社会生活になくてはならない情報通信基盤として機能しています。このインターネットが広く一般に使われ始めたのは1990年代以降であり，インターネットが設計された1970年代の社会環境と現在の環境や使われ方には大きな隔たりがあります。そのため，インターネットは社会の環境変化やニーズに対応できるように適宜変化しつつ発展を続けています。

　本章の目的は，私たちが日々利用しているコンピュータネットワークであるインターネットの仕組みを説明し，情報サービスを利用する際に見覚えのある「http」や「IPアドレス」などのいくつかの用語を説明することで，自分の手元にある情報端末が何にどのようにつながり，どんなやりとりをしているのかを理解できるようになることです。

4.1　インターネットの設計思想

　インターネットのルーツとして語られるものの1つに，アメリカ国防総省のARPA（Advanced Research Projects Agency，高等研究計画局）で開発が始まったARPANETというネットワークがあります。ARPAが研究資金を出していたため軍事目的だと誤解されがちですが，ARPANETは1967年に開始された世界初のパケット通信ネットワークに関する研究目的のプロジェクトでした。パケット交換（packet switching）とは，それまでに使われていた電話の回線交換方式とは異なり，データを送信側でパケットという単位に小分けして転送し，受信先で復元する方式です。パケット交換方式を用いることで，誰かが大きなデータを送った場合でも伝送路を占有することなく，他の機器も通信可能になります。さらに，伝送路を複数用意すれば，どこかで障害が起こったとしても迂回してデータ転送ができ，信頼性を高めることができます。ARPANETは1969年にカリフォルニア大学ロサンゼルス校，カリフォルニア大学サンタバーバラ校，ユタ大学，スタンフォード研究所の4拠点を接続して運用開始されました。1970年代初頭から他の独立したネットワークをARPANETにより相互運用することが考えられ，特定の機材に依存しない「オープン」なネットワークの概念と「エンドツーエンド」で「ベ

ストエフォート型」の TCP/IP のアイデアが生まれました。エンドツーエンドとは「ア
プリ固有の機能などは終端で対応すべき」という原則で，中継機器は中身に関わらない
（通信に特化する）ことで複雑な大量のデータの高速通信を実現しています。ベストエ
フォートは，最大限処理するけれど無理だったらパケットが相手に届かなかったり回線
速度が遅くなったりするかもしれない，というものです。ライブストリーミングなど多
少パケットが届かなくても問題ない場合もありますが，必要な通信の場合はトランス
ポート層などで適宜再送要求が行われます。現在の「インターネット」は，このように
さまざまなコンピュータネットワークを相互につないでいく inter-networking が語源
となっており，世界中の人類すべてに共通のネットワークとして稼働しています。初期
の ARPANET は，現在のインターネットとは設計が若干異なっていますが，多種多様な
機材やネットワークをつなぎ，冗長性をもたせることで信頼性を高めた自律分散型ネット
ワークの設計思想は，論文で公開されています[1]。

4.2　階層化とプロトコル

　インターネットはその設計思想から「階層化」されており，全体としてはその階層ご
とに用意された「プロトコル」といわれる通信規約を用いることで機能しています。プ
ロトコルの仕様は国際標準化されているので，その仕様に則った通信プログラムを設計
し実装することで，最新でも多少古くても，国内でも海外でも，スマートフォンのよう
な情報端末でもスーパーコンピュータでも，互いに通信することができます。さらにざっ
くり言ってしまうと，インターネットによる情報伝達は多くの場合，クライアントとサー
バがプロトコルを使って「通信」している状態です。ここでは，プロトコルとはどんな
ものか，クライアントやサーバは何をしているコンピュータなのかを学びましょう。

4.2.1　ネットワークの階層化

　インターネットは「階層化」，つまり通信機能を役割ごとに分離させた複数の層（layer：
レイヤ）で構成されています。なぜ階層化が必要なのでしょうか。インターネットは多
くのネットワークが相互接続されており，そこには多種多様な機材がつながっています。
最新機種もあれば，少し古いものもあるでしょう。私たちが普段使っているスマートフォ
ンも研究室にある高性能な計算機もビジネスで貸与されるノートパソコンも，日本でも
海外でも同じ「インターネット」につながり，デジタルデータをやりとりしています。
デジタルデータのやりとり，つまり通信するために，あらかじめ手順や規約が決められ
ています。コンピュータ同士をどのような特性でつなぐのか，通信開始時にはどのよう

---

　1)　"The Design Philosophy of the DARPA Internet Protocols" David D. Clark, Massachusetts
Institute of Technology Laboratory for Computer Science Cambridge, MA. 02139 (Originally
published in Proc. SIGCOMM, '88, Computer Communication Review Vol. 18, No. 4, August 1988,
pp. 106-114)

な信号を相手に送るのか，それを受け取った通信相手はどのような応答を返すのか，扱うことができるデータの形式やバージョンはどのようなものがあるのかなど，現在のネットワークはこれらの手順や規約が非常に多岐にわたります。有線でつながっているものも無線でつながっているものもあるでしょう。電子メールや動画配信のようなアプリケーションには，それぞれ通信に必要な情報ややりとりも違うでしょう。階層化していなかったら，電気的，物理的な信号処理をする層から，ユーザに対する入出力を担う層まで，目的ごとにすべて構築すると大変なことになってしまいます。そこで，基盤技術から応用技術までを層ごとに整理し，各層での手順（プロトコル）を明確に定め国際標準化するようになりました。それにより，その標準仕様に則して作られた世界中の多種多様な機材がインターネットに接続できるようになりました。また，通信基盤の物理的な層を変更することなく，アプリケーション層に新たなサービスを構築したり，稼働しているサービスがあるアプリケーション層を変更せずに，物理的な通信の層に新しく通信装置を追加したり，古いものを除去することもできるようになります。

　この階層は 1984 年頃 ISO で国際標準化された OSI 参照モデル（OSI：Open Systems Interconnection reference model）では 7 つに分類されていますが（表4-1），現在のインターネットは IETF（Internet Engineering Task Force）で 1982 年頃に策定された TCP/IP の 5 階層（あるいは，物理層とインタフェース層をつなげた 4 階層）が業界標準となり稼働しています（図4-1）。トランスポート層およびインターネット層を軸に，機械に近い物理的役割を果たす層を下位層，ユーザに近い論理的役割を果たす層を上位層といいます。

表 4-1　OSI 参照モデル

階層	名称	機能・役割
第7層	アプリケーション層	アプリケーション間でやりとりするデータの形式や内容を提供 最もユーザに近い部分
第6層	プレゼンテーション層	データの表現形式の制御や変換を行う部分 圧縮方式，文字コード，暗号方式などのデータ表現形式の規定
第5層	セッション層	プログラム間の通信単位制御を行う部分 論理的な通信路の確立，正しい順序のデータ交換支援のための動作管理，例外処理などを規定
第4層	トランスポート層	データを確実に転送するための信頼性確保を行う部分 伝送するデータの順序やデータ欠損に関する誤り検出，回復処理，データ多重化などを規定
第3層	ネットワーク層	通信経路の選択や中継を行う部分 経路制御（routing），コネクションの確立と解放などを規定
第2層	データリンク層	隣接するノード間での伝送制御手順を提供する部分 データ転送用の誤り制御・回復制御の手順，送受信のタイミングなどを規定
第1層	物理層	電気的・物理的な機能を提供する部分 コネクタの形状やデータを電気信号に変換する方法などを規定

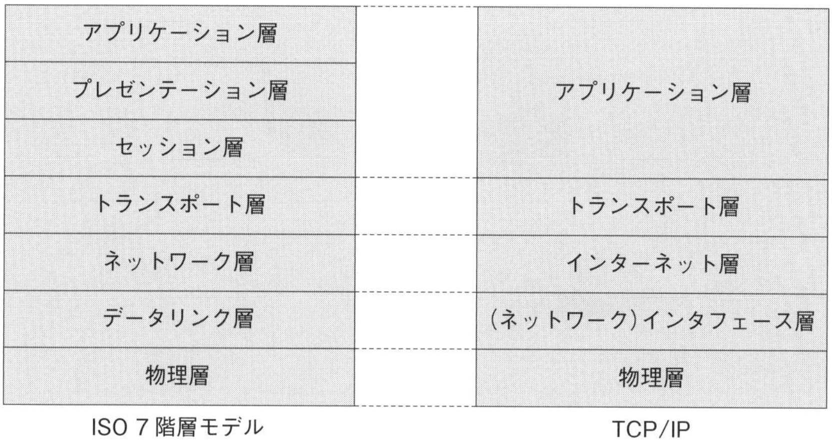

アプリケーション層		
プレゼンテーション層		アプリケーション層
セッション層		
トランスポート層		トランスポート層
ネットワーク層		インターネット層
データリンク層		（ネットワーク）インタフェース層
物理層		物理層
ISO 7 階層モデル		TCP/IP

図 4-1　OSI 参照モデルと TCP/IP

　これらのモデルでは，この階層ごとに，データのやりとりの手順としてのプロトコル（通信規約）が複数存在します。たとえば，インターネット層ではデータのパケット交換するための経路制御などを担当している IP（Internet Protocol）や，IP 処理や通信情報の通知に使われる ICMP（Internet Control Message Protocol）などがあります。また，トランスポート層では TCP（Transmission Control Protocol）や UDP（User Datagram Protocol）など，パケットの到着順や欠落を補って高信頼性を確保し，待ち時間を低減するやりとりを実現しています。普段よく目にする HTTP（Hyper Text Transfer Protocol）は，アプリケーション層のプロトコルの 1 つです。

　インターネットで扱われるプロトコルの原理はシンプルなものが多く，巧妙に作られています。原則として，ネットワークにつながっているノード（コンピュータや中継機器など）は世界中に「分散」しています。それにより，たとえネットワークのどこかに不具合が生じたとしても，その不具合がある機器を避けて通信を可能とするようになっています。

4.2.2　クライアント・サーバモデル

　電子メールや WWW など，インターネット上で実現されているサービスの多くは「クライアント・サーバモデル」（図 4-2）となっています[2]。処理能力が高いコンピュータに特定の役割を担当させサービスを提供する「サーバ」と，サービスや機能を利用するコンピュータやソフトウェアとしての「クライアント」があり，クライアントからネットワークを介して要求を出すと，サーバはそれに応答する，というやりとりになります。

　2）　クライアント・サーバモデル以外には，サーバやクライアントなどの役割を固定化しない P2P（ピアツーピア）モデルも利用されています。

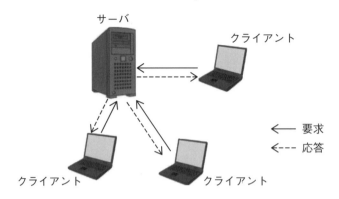

図 4-2　クライアント・サーバモデル

一般的な個人のパソコンやスマホなどは，多くの場合は「クライアント」です。プロトコルの多くは，このクライアントとサーバ間，あるいはサーバ同士のデータのやりとりを規定しています。

4.3　IP アドレスの種類と役割

　インターネットに接続して通信をするためには送信元と送信先の IP アドレス（Internet Protocol Address）が必要です。アドレスという名前から，ネットワーク上の「住所」と説明されますが，実際にはコンピュータを識別するための数値です。IP アドレスはそのアドレスが割り振られたネットワークの識別情報も表しているため，これを用いてパケット交換の際の経路制御（routing）が行われます。インターネット設計の初期の段階では現在のようなコンピュータの使われ方を想定していなかったため，IPv4という 32 ビット空間で識別される数値で設計されています。しかし，2 進数 32 ビットで表現できる数字は 2^{32}，つまり約 43 億個です。現在では，インターネットに接続する機器の数を考えるととてもそれでは足りないため[3]，128 ビット空間（2^{128}）の IPv6 も並行して利用されています。

　IP アドレスはコンピュータが通信に使う数値ですが，2 進数の 32 桁，あるいは 128桁をそのまま記述するのは人間にとって難しいので，一般的には IPv4 は 8 ビットずつ

IPv4　172.217.31.132

IPv6　2404:6800:4004:80b::2004

図 4-3　IPv4 と IPv6 の例

　3）　IPv4 は枯渇したので，新たな割り当ては（原則的には）できません。
https://www.nic.ad.jp/ja/ip/ipv4pool/

「.」で区切って10進数表記した形，IPv6は16ビットずつ「：」で区切って16進数表記した形[4]と，まったく違う記述法で表現します（図4-3）。しかし，どちらもIPアドレスとしての経路制御機能は同じです。たとえば，nslookup（DNS情報を引き出すコマンド）で調べた図4-4の2つのアドレスはどちらもwww.google.com（Google.comのウェブサーバ）を表しています。

　IPv4の枯渇が問題視されはじめた頃，世界中で一意に（unique）重複なく割り振るIPアドレスをグローバルアドレスとし，組織内でのみ使うIPアドレスをプライベートアドレスとして使用する工夫も生まれました。たとえば，"総合大学1号館303教室"という住所は，日本の東京都千代田区富士見5丁目100番地　総合大学1号館303教室，と指定することで世界中のどこからでも郵便物を受け取ることができます[5]。一方で，総合大学内では学内便や内線のように，組織内でのみ使える"1号館303教室"という住所も利用可能です。"1号館303教室"という住所は他組織にもあるかもしれませんが，閉じたネットワーク内でのみ使えるアドレス（プライベートアドレス）として利用することで，グローバルアドレスの割り当てを節約することができます。学内の機材や無線LANに接続した端末には，大抵このプライベートアドレスが割り振られます。

　インターネット層（IP層，ネットワーク層）で利用するIPアドレスが割り振られることは，そのIPアドレスをもつコンピュータが一意に決まることになります。しかし，それだけでは実は通信はうまく行きません。私たちは普段，自分のスマートフォンやタブレット，コンピュータなどの情報端末で電子メールを受信しながらYouTubeを見たり，レポートで使う文献を検索したり，Twitterで呟いたり，といろいろな作業を並行

```
[> www.google.com
 Server:          133.25.242.141
 Address:         133.25.242.141#53

 Non-authoritative answer:
 Name:    www.google.com
 Address: 172.217.31.132
[> set type=AAAA
[> www.google.com
 Server:          133.25.242.141
 Address:         133.25.242.141#53

 Non-authoritative answer:
 www.google.com  has AAAA address 2404:6800:4004:80b::2004
```

図 4-4　IPアドレスの例

---

4)　4桁の16進数の先頭の0と，「：」で囲まれた0は省略されることがあります。
5)　これは架空の住所です。

しています。これらはすべて外部との通信を伴いますが，各アプリケーションで接続先のサーバや通信相手が異なります。住所が一意に決まったとしても，家族と一緒に住んでいると住所だけでは誰宛てのメッセージなのかがわからないのと同様に，IP アドレスだけでは通信が混乱します。そのため，通信を必要とする各アプリケーションの区別がつくように，インターネット層の上のトランスポート層で扱うポート番号（port number）という番号で区別をします。ポート番号は具体的には，HTTP は TCP/80 番，電子メールで使う SMTP には TCP/25 番のように，トランスポート層で使うプロトコルとセットで記述されることが多く，よく使われるサービスにはあらかじめ 0-1023 までの well know port という番号が割り振られています。実際にはもう少し複雑ですが，大雑把にはこのような形で通信が区別されています。

4.4　具体的な情報サービス

　IP アドレスは数値だけで表現するので（人間には）扱いにくいため，その数値に対応する名前（ドメイン名）が広く使われています。この名前を使って，私たちは WWW や電子メールのサービスを利用しています。ここでは，普段よく使う情報サービスとして，DNS（名前解決サービス），WWW，電子メール，SNS についても説明します。

4.4.1　DNS

　IP アドレスはインターネット上のコンピュータの識別子なので，世界中で重複なく割り振る必要があります。同様に，IP アドレスに対応するドメイン名も，ドメイン名空間として一意性を確保して IP アドレスに対応づける形にする必要があります。そこで，ドメイン名の構造としては，木構造（階層構造。図だと木のように（木を逆さまに

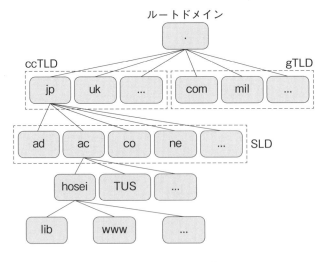

図 4-5　ドメイン名の構造

したように) 表現される) でルートドメインを設定し，その下に国別などのトップレベルドメインが配置され，さらに第2レベルドメイン，第3レベルドメインと続くことになります (図4-5)。たとえば，www.hosei.ac.jp という名前は，トップレベルドメインが jp，第2レベルドメインが ac，第3レベルドメインが hosei，第4レベルドメインが www というように，右から順番に読み，「日本の，学術教育機関の，法政の，www」という名前を示すことになります (この名前は実際には，法政大学の WWW サーバを示しています)。

　ドメイン名を使うことで人間がコンピュータを指定しやすくなりますが，実際にはコンピュータが通信に利用するのは IP アドレスの数値です。あるドメイン名に対応する IP アドレスを求めることを「名前解決」といい，コンピュータは利用者からの通信要求ごとに DNS (Domain Name Service) というサービスを用いて，名前を IP アドレスに変換し通信を行います。具体的には，サービスを利用するクライアントが，ネームサーバというサーバに UDP/53 番を用いて「この名前に対応するアドレスを教えて欲しい」と要求を出し，応答結果として得られた IP アドレスを用いて通信を行います (図4-6)。

　インターネット上には国境はないため，IP アドレスとそれに対応するドメイン名は，アメリカにある ICANN (the Internet Corporation for Assigned Names and Numbers) という非営利団体が管理しています。実際の運用は，jp のネームサーバや co.jp のネームサーバなどに管理を分散しています。

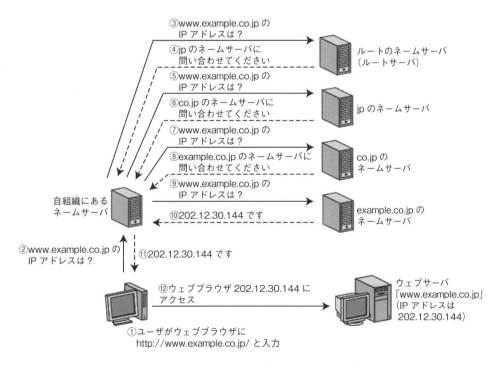

図 4-6　名前解決の流れ (JPNIC HP より引用)

表 4-2　組織種別

アメリカ以外（日本など）	アメリカ	組織種別
co	com	商用，企業
ac	edu	教育機関（高等教育機関など）
go	gov	政府機関
ne	net	ネットワークサービス機関
ad		ネットワーク管理機関
ed		初中等教育機関
gr		任意団体
or	org	（法人などの）団体

　第1レベルドメイン（TLD）の多くは国を示します。日本（jp），イギリス（uk），フランス（fr），韓国（kr），中国（cn）などがあります。アメリカは，もともとは他国を考えていなかったので，国を示すものを省略します。第2レベルドメイン（SLD）は「組織種別」といい（アメリカでは，第1レベルドメイン），抜粋したものを表4-2に示します。

4.4.2　WWW

　現在，最も一般的に利用されているインターネット上のサービスの1つにWWW（World Wide Web）があります。WWWとは，直訳すると「世界に広がった蜘蛛の巣」ですが，インターネット上の文書同士をハイパーリンクで相互に参照可能にするサービスであり，HTML（Hyper Text Markup Language）やXHTML（Extensible HTML）といったハイパーテキストの記述言語で構成された，いわゆるウェブページ（WWWのコンテンツ）を，HTTPやHTTPS（Hyper Text Transfer Protocol Secure）というプロトコルで要求したり応答したりします。

　WWWもクライアント・サーバモデルで動いており，いわゆるWWWのコンテンツはWWWサーバ上で管理・公開されます。一方で，私たちは普段からGoogle Chrome，Firefox，Safari，Internet Explore，EdgeなどのウェブブラウザというソフトウェアをWWWクライアントとして用いています。WWWクライアントから，閲覧したいWWWのコンテンツをURL（Uniform Resource Locator）という識別子を使って指定する（ハイパーリンクをクリックする）ことで，そのコンテンツを閲覧したいという要求をWWWサーバに送信しています。

　URLには，WWWコンテンツを識別する情報が記載されています。具体的には，最初のhttp，httpsなどが通信プロトコル（スキーム），://から次の/までの間が（該当するWWWコンテンツを保持している）通信相手となるWWWサーバ名，その後にはそのサーバ内のどこに必要な情報が格納されているのかを示すパス（フォルダやファイルの名前）が記載されています（図4-7）。

http://www.hosei.ac.jp:80/index.html

スキーム　　　　　ウェブサーバ名　　　　　　　　ファイル名

図 4-7　URL の例

図 4-7 の場合，この URL が記述されたリンクをクリックすることで，"www.hosei.ac.jp という WWW サーバにある index.html という名前のファイルを http プロトコルで要求します" というメッセージを WWW クライアントから送信することになります[6]。

4.4.3　電子メール

電子メール（e-mail：electronic mail）は，コンピュータネットワークを介してデジタルデータを郵便のように交換するサービスです。本来は，電話とは異なり相手が何をしていても，早朝でも深夜でも送信するのに躊躇する必要のない非同期通信システムとして設計されています。

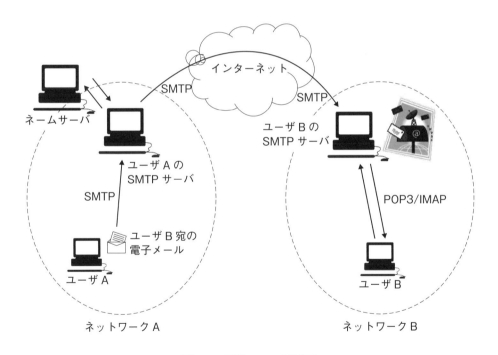

図 4-8　電子メールの仕組み

---

6)　一般的には，http（HTTP）プロトコルは TCP/80 番ポート，https（HTTPS）プロトコルでは TCP/443 番ポートを使いますが（この場合，ポート番号の表記は省略可能），普段と違うポート番号をつけて稼働している www サーバの場合，サーバ名の後ろに：をつけて数字が追加されていることがあります。

　ユーザ A がユーザ B に電子メールを送る場合を考えてみます（図 4-8）。ユーザ A がメールを書き終え，メール送信ボタンを押します。送信ボタンを押すと，そのアプリケーションで設定しているメールサーバに「ユーザ B」宛のメールを送信するよう，SMTP（Simple Mail Transfer Protocol）というプロトコルで要求します。送信先として記述されたユーザ B のメールアドレスの @ の右側には送信先のメールサーバを示すドメイン名が含まれているので，要求を受け取ったメールサーバは，その名前を適宜ネームサーバに問い合わせをして送信先メールサーバを特定し，SMTP でメールを転送します。送信先メールサーバまで到達したメールはメールサーバで管理されます。ユーザ B が電子メールのアプリケーションを起動して POP（Post Office Protocol）や IMAP（Internet Message Access Protocol）のようなプロトコルで受信要求を出すと，メールサーバで管理されていたメールが，ユーザ B に送信されます。電子メールのシステムでは一般的に，クライアントからのメール送信とサーバ間の通信には SMTP を，メールサーバからメールを読み出す場合には POP や IMAP を使います。画像やワープロで作成した文書ファイルのようなテキストデータ以外の情報をメールで送信する場合には MIME（Multipurpose Internet Mail Extension）が使われます。

　一般の郵便物にたとえると，ユーザ A が最寄りの郵便局（メールサーバ）に郵便物を出します。そこで回収された郵便物は郵便番号（メールアドレスのドメイン名）を手掛かりに相手の最寄りの郵便局まで配送されます。その後，普通の郵便物は配達員が家まで配達してくれますが，電子メールの場合は勝手に利用者にデジタルデータを配信するのではなく，私書箱を利用している方法をとります。つまり，郵便局の私書箱まで配達され留め置かれた郵便物は，ユーザ B が取りに来てはじめてユーザ B の手元に渡る仕組みです。メールサーバにメッセージが来たらすぐに通知が来るような設定をしている場合は，早朝や夜中の電子メールを迷惑に思うかもしれませんが，通知や受信のタイミングは基本的には利用者が自由に設定することが可能です。

4.4.4　ファイル転送

　ファイルをインターネット上の記憶領域におくことを「アップロード」，インターネット上の記憶領域からパソコンに持ってくることを「ダウンロード」といいます。

　このように，インターネット上でファイルを転送するためのプロトコルが FTP（File Transfer Protocol）です。FTP はインターネット黎明期から存在する古いプロトコルですが，効率的にファイル転送可能なので，ファイルサイズが大きいファイルのやりとりに今でもよく利用されます[7]。

---

7)　現在では，安全な通信を確保するための FTPS（FTP over SSL/TLS）や SFTP（Secure shell FTP）なども使われます。

4.4.5 SNS

2020年現在, インターネットを使ったさまざまな活動やコミュニティ形成, マーケット形成やビジネスなどに SNS (Social Networking Service) が利活用されています。SNS もインターネットを通信基盤として用いているサービスの1つであり,「誰でも」「いつでも」「どこでも」情報の受発信ができるインターネットの従来のメディアと大きく異なる特徴の1つを実感できるメディアでもあります[8]。インターネットがまだ一般的ではなかった 1990 年代初めまでと比べると, 一般の人が自分で思うことを自由に呟いたり, 表現したりすることが格段に容易になりました。当時はもちろんスマートフォンはなく, 携帯電話もみんなが持っていたわけではありません[9]。自分が作ったものを他の人に見てもらいたい, 不要品を他の人に譲りたい, 迷い犬の目撃情報や里親募集をしたいと思っても, せいぜい近所に張り紙をしたり知人に口コミで伝えてもらうことくらいしかできなかったことを考えると, コミュニケーションのハードルも随分下がったといえます。しかしその反面, 思いもよらない弊害も生じているのも事実です。LINE, Facebook, Instagram, Weibo, WhatsApp, Tumblr, LinkedIn など今までに数多くの SNS が活用され, また今後も新たな便利なサービスが出て来ることが予想されます。楽しく利活用するためにも, インターネット空間, SNS は「プライベート (私的) な空間ではなくソーシャル (社会的) な空間」であることは, 忘れないようにしなければなりません。

---

8) もちろん, 接続するネットワークの運用方針によっては制限などが設けられることもあります。

9) 日本の携帯電話普及のきっかけの1つに, 1995 年の阪神淡路大震災があげられます。有線の固定電話が壊滅的だったのに対し, 携帯電話はまだ持っている人が少なかったこともあり通信が可能であったことが着目されました。

4 章の練習問題

4-1 インターネットのルーツとして知られており，アメリカ国防総省の高等研究計画局で始まったネットワークを何というか。次の中から最も適切なものを選びなさい。

(1) SO-NET (2) SINET (3) GLOBAL-NET (4) ARPANET

4-2 インターネット上の文書同士をハイパーリンクで相互に参照可能にするサービスを何というか。次の中から最も適切なものを選びなさい。

(1) 電子メール (2) WWW (3) SMTP (4) SNS

4-3 インターネットの各階層で用いられる通信規約を何というか。次の中から最も適切なものを選びなさい。

(1) ルール (2) プロシージャ (3) プロセス (4) プロトコル

4-4 電子メールを送受信するときに用いるプロトコルで間違っているものはどれか。次の中から選びなさい。

(1) SMTP (2) RTP (3) POP (4) IMAP

4-5 インターネットで用いるアプリケーション層のプロトコルはどれか。次の中から最も適切なものを選びなさい。

(1) TCP (2) ARP (3) HTTP (4) ICMP

4-6 IPv6のアドレス空間（桁数）と，それで表現できる数字の組で正しいものはどれか。次の中から最も適切なものを選びなさい。

(1) 32桁，約43億 (2) 128桁，約340潤（かん） (3) 64桁，約1845京
(4) 16桁，約65000

4-7 トランスポート層で通信を区別するための番号を何というか。次の中から最も適切なものを選びなさい。

(1) ポート番号 (2) マイナンバー (3) プロトコル番号 (4) SSID

4-8 インターネット上で用いるIPアドレスと，それに対応するドメイン名を対応づける（名前解決）サービスを何というか。次の中から最も適切なものを選びなさい。

(1) SNS (2) HTTP (3) NTP (4) DNS

4-9 クライアント・サーバモデルでない情報サービスはどれか。次の中から選びなさい。

(1) 電子メール (2) World Wide Web (3) ビットコイン
(4) OPAC（オンライン蔵書目録）

4-10 インターネットでは検索できない情報にはどんなものがあるか，考えて記述しなさい。

5 オペレーティングシステム

5.1 オペレーティングシステム(OS)とは何か

オペレーティングシステム (Operating System, 以下 OS という) とは, その名の通り, コンピュータに関わるさまざまなもの (情報資源) を管理 (operate) するソフトウェアのことです。OS はコンピュータに関するさまざまな基本的な処理を行うため, 日本語では「基本ソフトウェア」と訳されますが, operate には基本という意味はありません。また, ワードプロセッサ, ウェブブラウザなど, OS 以外の個々の機能に特化した処理を行うアプリケーションソフトウェア (以下アプリケーションという) のことを, 日本語では基本とは反対の意味である応用という単語を使って「応用ソフトウェア」と訳します。

5.2 OS の役割

OS はアプリケーションとハードウェアの両方を管理します。以下では, 具体的な OS のおもな役割について説明します。

5.2.1 ファイルシステム管理

コンピュータが扱うアプリケーションやデータは, ファイルという形で補助記憶装置に保存されますが, 補助記憶装置には CD, DVD, ハードディスク, USB メモリなどさまざまな種類が存在します。また, 今までにない新しい形の補助記憶装置が出現することも考えられますが, それぞれの記憶装置の仕組みは大きく異なります。OS はこうした仕組みの異なる記憶装置を共通の方法で扱うための仕組みである「ファイルシステム」の管理を行います。

ファイルシステムでは, アプリケーションやデータを「ファイル」という単位で記録し, 「フォルダ」[1] という仕組みを使ってファイルを階層構造で整理して記録することができます。また, ファイルにはその名前を示す「ファイル名」, ファイルの中のデータの種類やそのファイルを開くためのアプリケーションを示す「拡張子」, そのファイルを誰がどのようにアクセスできるか[2] を指定する「ファイルアクセス権」などを設定することができます。

Windows などの OS では, ファイルの拡張子と, その拡張子のファイルを実行する

---

1) OS によってはディレクトリといいます。
2) アクセス権を設定することで, 特定のユーザだけがファイルの中身を見ることができるようにしたり, 特定のユーザだけがファイルの中身を編集できるようにすることができます。

アプリケーションが関連づけられており，ファイルのアイコンを「ダブルクリック」することで自動的にそのファイルの拡張子に関連づけられたアプリケーションが起動するような仕組みになっています[3]。また，OS によって操作方法は異なりますが，拡張子に関連づけられているアプリケーションとは別のアプリケーションを起動することも可能です。ただし，exe（実行可能（executable）ファイル）など，一部の拡張子のファイルは，ファイルの中身がアプリケーションになっており，ファイルそのものが起動されます。実行可能ファイルは，ファイルの「実行可能な中身」がコンピュータウイルスであった場合は，実行するとコンピュータがコンピュータウイルスに感染してしまいます。電子メールの添付ファイルや，インターネット上に存在する実行可能ファイルの多くは，コンピュータウイルスに感染している可能性が高いので不用意に開かないようにすることが重要です。

　ファイルの拡張子を変えてしまうと，この関連づけが変わってしまうため，ファイル名を変更するときには拡張子を変更しないように注意する必要があります。そのため，Windows や Macintosh などの OS は，初期設定ではファイルの拡張子を表示しない設定になっています。しかし，拡張子が表示されないと，そのファイルが実行可能ファイルであるか，データファイルであるかの区別がつかないという欠点があります。そのため，コンピュータの操作に慣れてきたら，ファイルの拡張子を表示するように設定を変更することを強くお勧めします[4]。

コラム

拡張子の種類

　ファイルの拡張子は，そのファイルを保存するアプリケーションが自由に決めてよいことになっているため，世の中にはデータを保存するアプリケーションの種類だけ拡張子が存在するといってもよいかもしれません。そのため，すべての拡張子を覚えることは不可能ですが，テキストファイル（プレーンテキスト）は txt，画像は jpg や png，ウェブページは html など，世の中で頻繁に使われる拡張子はそれほど多くはないので，自分がよく使うファイルの拡張子の意味と名前は覚えておくことよいでしょう。なお，アプリケーションの制作者は，なるべく拡張子の名前が他のアプリケーションで使われるものと同じにならないようにしますが，中には同じ名前の拡張子を異なるアプリケーションが使う場合もあります。たとえば，Microsoft 社の Word というワードプロセッサのアプリケーションが普及する前は，doc という拡張子はテキストファイルを保存するために使われていましたが，Word が doc をファイルの拡張子に使い，大きく普及するようになってからは，テキストファイルの拡張子には doc は使われなくなり txt が使われるようになりました。

3）Windows では拡張子に関連づけられたアプリケーションのことを「既定のプログラム」といいます。

4）Windows の場合は，エクスプローラの「表示」タブの中にある，「ファイル名拡張子」にチェックを入れることでファイルの拡張子を表示することができます。

5.2.2　メモリ管理

　アプリケーションは，普段はハードディスクなどの補助記憶装置に記録されています
が，補助記憶装置はメモリ（主記憶装置）と比べてデータの読み書きが遅いため，アプ
リケーションを実行する際に，補助記憶装置に記憶されているアプリケーションのプロ
グラムを直接 CPU が読みながら実行すると，処理が非常に遅くなってしまいます。一
方で，メモリは記憶容量が補助記憶装置と比べて小さいため，コンピュータが利用する
すべてのアプリケーションやデータの情報をメモリに記憶させておくことは不可能で
す。そこで，アプリケーションを実行する際に，OS は補助記憶装置に記録されているファ

コラム

OS のビット数とメモリ容量

　最近では，64 ビット OS が主流になってきていますが，OS には 32 ビット OS や 64 ビット
OS などの種類があります[5]。このビット数は，その OS が扱うことができるメモリの容量に
関係します。OS はメモリの中のデータを 1 B（バイト）単位で扱い，メモリの中の特定のデー
タはメモリの番地（address, 住所の意味）によって指定します。メモリの番地は数字で示され，
たとえば，1 MiB（メビバイト）（$= 2^{20}$ B $= 1,048,576$ B）（約 1 MB）のメモリは 1 B のデータご
とに 0 から 1,048,575 までの番地が割り当てられています。32 ビット OS では，メモリの番地
を 0 から $2^{32} - 1$ までの 32 ビットの 2 進数で表現します。データ容量の単位は 2^{10} B $= 1$ KiB（キ
ビバイト）（約 1 kB），2^{20} B $= 1$ MiB（メビバイト）（約 1 MB），2^{30} B $= 1$ GiB（ギビバイト）（約
1 TB）なので，2^{32} B $= 2^{2+30}$ B $= 2^2 \times 2^{30}$ B $= 4$ GiB となるため，32 ビット OS では 4 GiB（ギ
ビバイト）までのメモリを扱うことができます。OS が必要とするメモリの容量は表 5-1 のよ
うに年々増加しており，32 ビット OS で扱える 4 GB を超えるようになってきています。そこ
で，64 ビット OS では扱うことができるメモリの番地のビット数を倍の 64 ビットにすること
で，$2^{64} = 16$ EiB（エビバイト）（約 16 EB）までのメモリを扱うことができるようにしました。
1 EiB（約 1 EB）は 1 TiB（テビバイト）（約 1 TB）の約 100 万倍なので，当分の間は 64 ビット
OS で扱えるメモリ容量が不足することはないと思います。

表 5-1　**Windows オペレーティングシステム**

OS の名称	発売年	推奨メモリ容量[6]
Windows XP	2001	512 MB
Windows Vista	2007	1 GB
Windows 7	2009	2 GB
Windows 8	2012	2 GB
Windows 10	2015	4 GB

---

　5)　昔は 8 ビット OS, 16 ビット OS などもありました。
　6)　推奨メモリ容量はパソコンの構成などによって変わりますが，ここでは一般的な構成にお
いて推奨されていたメモリ容量を表します。

イルからアプリケーションのプログラムをメモリにコピーし，メモリ内にコピーされた
プログラムを CPU が実行することで高速な処理を実現しています。画像や動画など，
アプリケーションが扱うデータも同様の理由でアプリケーションが処理する際に，補助
記憶装置などに記憶されているファイル内のデータをメモリにコピーしたものをアプリ
ケーションが処理します。メモリは高速な読み書きを行うことができますが，電源を切
ると記録していた内容が消えてしまう性質があります。アプリケーションが処理中の
データを，ファイルに保存する作業を行わなければならない理由は，補助記憶装置とメ
モリのこのような性質が原因となっているのです。

　OS はどのアプリケーションにどれだけメモリを割り当てるかを管理する役割があり
ます。メモリは補助記憶装置と比べ，容量が小さい性質があります。2020 年現在の時
点では，ハードディスクなどの補助記憶装置の一般的な容量は，数百 GB（ギガバイト）
から数 TB（テラバイト）ですが，メモリの一般的な容量は数 GB から数十 GB にすぎま
せん。また，アプリケーションや動画などのデータの容量は年々増加する傾向にあ
り[7]，数 GB を超えるアプリケーションや動画はめずらしくありません。そのため，複
数のアプリケーションを同時に実行したり，容量の大きなデータを処理する場合，アプ
リケーションやデータをすべてメモリにコピーできない場合が頻繁に生じます。このよ
うな場合，OS はアプリケーションやデータの中で頻繁に使われる部分だけをメモリに
コピーするという対処を行っていますが，メモリにコピーされていない部分が必要に
なった際には，現在メモリの中であまり使われていない部分のデータを削除して必要な
データと置き換えるという時間のかかる作業が必要になります。メモリの容量が小さい
とコンピュータの性能が低下する場合があるのは，このようなデータの置き換え作業が
頻繁に必要になる可能性が高いためです。

5.2.3　ハードウェアの抽象化（API の提供）

　コンピュータには，キーボード，ディスプレイ，マウスなど，さまざまなハードウェ
ア（周辺装置）をつないで利用することができます。また，ディスプレイの画面の大き
さや解像度などにさまざまな種類があるように，同じハードウェアでも製品によってそ
の性質は大きく異なっています。メモリの容量，CPU の種類などを含めると，コンピュー
タを構成するハードウェアの組み合わせはほぼ無限にあるといっても過言ではありませ
ん。しかし，そのような状況においても，特定の OS に対して作られたアプリケーショ
ンがコンピュータのハードウェア構成にほぼ関係なく[8]動作するようになっているの
は，OS がハードウェアとアプリケーションの間を取り持つという役割を担っているか

　7）　現在ではゲームやアニメなどのキャラクタの画像のデータサイズが数 MB（メガバイト）を
超えるような場合もありますが，1985 年に発売された任天堂のスーパーマリオブラザーズの主人
公であるマリオの画像のデータサイズは数百 B（バイト）にすぎませんでした。
　8）　アプリケーションが必要とするメモリの容量など，最低限の条件はあるので，本当にどの
ような構成のハードウェアでも大丈夫というわけではありません。

らです。

OS はハードウェアの種類ごとに，そのハードウェアをアプリケーションのプログラムで操作するための手続きである API（Application Programming Interface）を定めています。API はアプリケーションがハードウェアに対して行うことができる操作を抽象化するための仕組みです。抽象化とは，「対象となるものから重要な部分だけを取り出し，それ以外の部分を無視する」という手法のことで，日常生活においても頻繁に使われています。たとえば，車の場合，車を加速するための抽象化としてアクセルペダルがあります。車を加速するためにはエンジンが必要で，そのエンジンは素人には理解できないような複雑な仕組みで動作します。また，エンジンにもさまざまな種類があり，種類によって中の仕組みが大きく異なります。アクセルペダルを用意し，車を加速するという動作を「アクセルペダルを踏む」という形に抽象化することによって，エンジンの仕組みや種類に関わらず同じ操作であらゆる車を加速することができるようになります。また，その際に中の仕組みについて一切知る必要はありません[9]。身近な抽象化の他の例としては，電気のスイッチ，錠前，テレビのリモコンなどがあります。

コンピュータのハードウェアの抽象化は，たとえば，ディスプレイの場合は「画面の特定の場所に線を描画する」，キーボードの場合は「現在どのキーが押されているかを

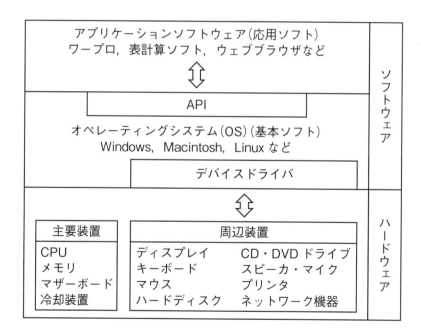

図 5-1 ハードウェアの抽象化

9）このように，中の仕組みを知らなくても操作方法さえ知っていれば利用できるもののことを，ブラックボックス（black box）といいます。

知る」など，そのハードウェアに共通する操作を行うための API を OS が定め，それらの API を利用することでハードウェアごとの細かい違いを気にすることなく，アプリケーションを作ることができるようになります。APIの仕組みを実現するために，ハードウェア側に OS が定めた API を実行するための仕組みである，「デバイスドライバ」というプログラムを用意します。デバイスドライバは，ハードウェアをコンピュータに接続する際に，OS の中にインストールします。昔はハードウェアをコンピュータに接続する際には，ハードウェアに付属する CD などに記録されているデバイスドライバをパソコンにインストールするという作業が必要でしたが，最近では USB などでハードウェアをパソコンに接続すると自動的にデバイスドライバがインストールされることが多くなっています[10]。前述したファイルの管理やメモリの管理もハードウェアの抽象化の一種です（図 5-1）。

5.2.4　ネットワーク管理

インターネットにコンピュータを接続し通信を行う際には，インターネットのプロトコルである TCP/IP を用いる必要があります。現在では，インターネットとの接続はコンピュータに必須の機能となっているので，TCP/IP の機能を OS がサポートしています。OS によっては，異なる OS のコンピュータ同士のファイルを共有する機能[11]や，異なる OS のコンピュータで計算を行う遠隔手続き呼出し（remote procedure call）などの機能もあります。

インターネットが大きく普及する以前のパソコンの OS は TCP/IP をサポートしていなかったため，インターネットに現在のように簡単に接続することはできませんでした。Microsoft 社の OS の場合，1995 年に発売された Windows 95 から TCP/IP の機能を OS が搭載するようになり，その頃から誰でもパソコンをインターネットにつなぐ環境が整い始め，インターネットの普及に大きな影響を及ぼしたといわれています。

5.2.5　CPU とアプリケーション管理

コンピュータでは，複数のアプリケーションを同時に実行することができます。現在ではパソコンに複数の CPU が搭載されていますが，昔は 1 つしか CPU が搭載されていませんでした。CPU が 1 つしかない場合，同時に行える計算は 1 つしかないため，複数のアプリケーションを同時に実行させるために，CPU の処理時間を細かく分割し，複数のアプリケーションの処理を交互に実行するという（時分割，time slicing）処理を

---

10)　このような機能のことを，機器に接続（plug）するとすぐに実行（play）できることから，プラグアンドプレイ（plug and play）といいます。余談ですが，プラグアンドプレイが登場した頃は，技術力の不足などの原因でプラグアンドプレイがうまく動作しないことが多く，接続したときにうまく動くことを祈る（pray）必要があるという意味で plug and pray と揶揄されていましたが，現在ではそのような問題はほぼ解消されています。

11)　Windows の CIFS（Common Internet File System）　や UNIX の NFS（Network File System）などがあります。

図 5-2　マルチタスク処理

行います（図5-2）。細かく分割した処理時間をたとえば1ミリ秒（1/1000秒）のように非常に短い，人間には知覚できないような間隔にすることで，あたかも複数のアプリケーションが同時に実行しているかのようにみせかけることができます。このような処理をマルチタスク（multi-task）処理といいます。

　マルチタスク処理を行うと，コンピュータの動作が著しく遅くなると思われるかもしれませんが，実際には多くの場合そうはなりません。たとえば，3つのアプリケーションを1つのCPUでマルチタスク処理を行うと，1つのアプリケーションに割り当てられる時間が1/3になるので，アプリケーションの動作速度が1/3になるように思われます。しかし，多くのアプリケーションは常にCPUの能力をフルに活用しているわけではありません。たとえば，ウェブブラウザの場合，リンクをクリックしてウェブページの内容をインターネットから取得し，その内容を画面に表示する際には多くの計算が必要ですが，その後ユーザがウェブページの内容を読んでいる間はほとんど何の処理も行っていないため，ほとんど計算を行っていない状態になります。なお，常に画面の表示を激しく変更し，大量の計算が必要となる3Dゲームのようなアプリケーションを複数同時に実行すると，CPUが処理を仕切れなくなるためコンピュータの動作は遅くなります。

　現在のように，複数のCPUがパソコンに搭載されている場合も状況は大きく変わるわけではありません。たとえば，4つのCPUが搭載されているパソコンで5つ以上のアプリケーションを同時に実行した場合は同様の処理を行う必要があります。一般的なパソコンではOSも含め，常に数十以上のアプリケーションが同時に実際に動作しており[12]，複数のCPUに対して効率よくアプリケーションの動作を割り当てるというOSの役割は非常に重要です。

5.2.6　一貫したユーザインタフェースの提供

　OSの役割の1つに，一貫した使いやすいユーザインタフェースの提供があります。ユーザインタフェースとは，コンピュータの操作環境のことです。たとえば，文字をコンピュータに入力するためのユーザインタフェースとしては，キーボード，スマートフォンなどのフリック入力，ガラケーのボタンによる文字入力，画面に表示されたキーボードをタッチパネルで入力，音声入力など，さまざまなものがあり，それぞれ一長一短が

---

12)　Windowsの場合，タスクマネージャーを見ることで現在実行中のアプリケーションの一覧を確認することができます。

あります。たとえば，キーボードは習熟すれば他のどの方法よりも高速に文字を入力できますが，キーボードが必要なためスマートフォンなどの小型の装置には向かず，習熟するためには練習が必要です。フリック入力は小さな画面でも入力でき，キーボードほど習熟が困難ではありませんが，キーボードと比べると入力が遅いという欠点があります。音声入力は練習の必要がなく比較的高速に入力できますが，周囲がうるさいと利用できない，入力の訂正が他の手法より困難である，長時間の入力は疲れやすいなどの欠点があります。このように，ユーザインタフェースは状況に応じて適切なものを使い分ける必要があり，コンピュータを操作するうえでユーザインタフェースの善し悪しが使い勝手に非常に大きく影響します。

　ユーザインタフェースに求められる性質の1つに，アプリケーション間で一貫したユーザインタフェースを提供するというものがあります。たとえば，メニューは複数の項目の中から1つを選択するためのユーザインタフェースであり，多くのアプリケーションで頻繁に使われます。表示されるメニューの形状や操作方法がアプリケーションによってまちまちな場合，ユーザはアプリケーションごとにメニューの使い方を覚える必要が生じ，大きな混乱のもととなり非常に使い勝手の悪い状況になります。そのため，同じような操作を行うユーザインタフェースはアプリケーションが異なったとしても一貫したものであることが望ましいのです。そこで，よく使われるユーザインタフェースとそれを操作するための API を OS が用意し，アプリケーションが利用できるような

コラム

GUI と CUI

　ユーザインタフェースのうち，画面に表示された画像（グラフィック）に対してマウスやタッチパネルなどを使って直接操作するものを GUI (Graphical User Interface) といいます。GUI の代表例としてはメニューやボタンなどがあげられます。一方，キーボードを使って文字 (character) を入力することで操作するものを CUI (Character User Interface) [13] といいます。よく使われる CUI の例としては Windows の場合，Ctrl+X，Ctrl+C，Ctrl+V などのクリップボードを使ったカットアンドペーストに対応するショートカットキー操作があげられます。GUI は直感的でわかりやすく，初心者でもコンピュータが扱いやすくなるため多くのアプリケーションで採用されていますが，操作に手間がかかるという欠点があります。たとえば，メニュー操作は「マウスをメニューバーの上に移動する」，「クリックする」，「表示されたメニュー項目の中から選択したい項目の上にマウスを移動する」，「クリックする」という操作を正確に行う（少しでも他の項目にずれたらうまくいかない）必要があります。一方，CUI はコマンドを覚える必要があるという点が初心者向けではありませんが，コマンドを覚えてしまえばキーボードで素早く操作を行うことができます。

---

13) キーボードで命令 (command) を入力することから CLI (Command Line Interface) という場合もあります。

仕組みを用意しています。OSが用意するユーザインタフェースとしては以下のものがあげられます。

■ウィンドウに関するユーザインタフェース全般

タイトルバー，メニューバー，スクロールバー，「閉じる」ボタンなど。

■文字入力に関するユーザインタフェース全般

キーボード，フリック入力など[14]。

■マウスカーソルに関するユーザインタフェース

クリック操作，マウスカーソルの形状，マウスの右ボタンを押したときのコンテキストメニューなど。

■ファイルの操作に関するユーザインタフェース

エクスプローラ，ファイルを開く，ファイルを保存する際に表示されるパネルなど。

5.2.7　排他制御

コンピュータの中では複数のアプリケーションが同時に実行される場合が多く，そのような場合はアプリケーションが利用する資源の排他制御を行う必要があります。ここでいう資源とは，アプリケーションが利用するハードウェアのことで，「メモリ」などの記憶装置や「プリンタ」などのハードウェアなどが例としてあげられます。排他制御とは同時に資源を利用できないようにする仕組のことです。たとえば，2つのアプリ

コラム

日常生活でみられる排他制御

排他制御は日常生活において頻繁に現れる概念です。あまり上品な例ではありませんが，トイレの個室のドアは排他制御を行うための仕組みであるといってよいでしょう。家に1つしか個室のトイレがない場合，トイレに入ってドアの鍵を閉めてしまうことで，早い者勝ちで，同時にトイレを1人しか使えないようにすることができます。他の例としては，コンピュータを使った交通機関や映画館などの指定席の予約などがあります。たとえば，映画館にある複数のチケット発券機や，家庭のコンピュータから映画の座席チケットの予約を行うことができるようになっている場合，同時に複数の人が同じ映画館の同じ映画のチケットを予約しようとする可能性が生じます。このときに排他制御を行わなければ，同じ席のチケットを複数の人が購入するダブルブッキングが頻繁に生じてしまうでしょう。この場合の排他制御は，誰かが座席を指定してチケットを購入する手続きを開始した時点でその座席を予約済とするという方法などが考えられます。

---

14)　日本語を入力する際に利用する「かな漢字変換」は入力のための基本的な操作であるため，OSの役割であるように思えるかもしれませんがそうではなく，アプリケーションで実現しています。これはこの操作を必要とする日本語入力が，「世界中」のコンピュータで必要とされるような基本的な操作ではないためです。

ケーションが同時にコンピュータにつながっているプリンタで印刷を行おうとした場
合，排他制御の仕組みがなければ 2 つの印刷内容が混じった内容で印刷されてしまう可
能性があります。排他制御にはさまざまな手法がありますが，一般的な手法の 1 つに早
い者勝ちで同時に 1 つのアプリケーションだけが資源を利用できるというものがありま
す。先ほどのプリンタの例の場合，この手法では先に印刷を開始したアプリケーション
の印刷処理が終わるまでの間，他のアプリケーションは印刷を行えません[15]。

5.3 OS の分類

OS というと，パソコンに入っているもののみを思い浮かべる人が多いかもしれませ
んが，パソコン以外のコンピュータにも OS が組み込まれています。

5.3.1 汎用 OS

いわゆるパソコンの OS のことです。パソコンの大きな特徴として，ソフトウェアを
インストールすることで汎用的な目的に（何にでも）使えるというものがあります。汎
用的に使うために，キーボード，ディスプレイ，スピーカ，マウスなど，パソコンは数
多くのハードウェアから構成されており，数 GB のような大量のメモリと数百 GB 以上
の大きな容量をもった補助記憶装置を一般的に搭載します。

5.3.2 組み込み OS

電子レンジや空調のように，小型のコンピュータが搭載されている家電製品などの機
器のことを組み込み機器といいます。このような小型のコンピュータのことを組み込み
コンピュータといい，組み込みコンピュータに搭載される OS のことを組み込み OS と
いいます。世の中で使われている組み込み機器の数は非常に多く，汎用 OS を搭載した
パソコンはコンピュータ全体の中のほんの数パーセントにすぎないといわれています。

組み込み機器の特徴としては，汎用的ではなく，特定の目的に特化して作られている
ということがあげられます。たとえば，炊飯器に搭載されているコンピュータはご飯を
美味しく炊く，ご飯を保温するなど，ご飯に関する機能に特化して作られています。そ
のため，汎用的なパソコンと比べ，必要な機器だけで構成されています。たとえば，炊
飯器にキーボードはついていませんし，数 GB のメモリも搭載されていません。また，
組み込み機器のコンピュータは，機器の値段を抑えるために必要最小限の機器で構成さ
れます。たとえば，CPU は 1 つしか搭載されないものが多く，パソコンと比較して性
能が著しく劣っていたり，メモリが数 MB しかないものも存在します。そのようなコ

---

15)　本書の内容を大きく超えるため詳細は説明しませんが，複数の資源に対して同時に排他制
御を行おうとする場合，その資源を利用しようとする複数のアプリケーションが永遠に待たされ
てしまう「デッドロック」という現象が発生する場合があります。

ンピュータに搭載する組み込み OS は，パソコンと比較して性能の悪い CPU や非常に少ないメモリでも動作するように作られています。また，組み込み機器の中にはリアルタイム性が必要なものが多いため，次で説明するリアルタイム OS の性質をもつ組み込み OS が多いようです。

5.3.3 リアルタイム OS

パソコンなどの OS はアプリケーションの処理にかかる時間の保証は行いません。たとえば，あるアプリケーションのボタンをクリックしてから，そのボタンの機能が実行されるまでの時間は，その時のパソコンの状況によって変化します。通常であれば瞬時に反応するボタンも，複数の処理の重いアプリケーションが同時に動作している場合は反応するまでに 10 秒以上かかる場合もあるでしょう。一方，アプリケーションを実行してからその機能の処理が完了するまでにかかる時間を保証しなければならない場合があります。このような保証ができる性能をリアルタイム性といいます。パソコンのアプリケーションは基本的にリアルタイム性を必要としませんが，パソコン以外のコンピュータではリアルタイム性を必要とする処理が数多くあります。たとえば，車のブレーキはコンピュータで制御されていますが，リアルタイム性が必要です。ブレーキを踏んだ場合，必ず非常に短い一定時間以内にブレーキが利くことが保証されなければ，大事故につながってしまいます。また，医療機関などで使われるコンピュータで制御された機器の多くは，リアルタイム性が保証されなければ人命に関わる大事故につながってしまいます。このようなリアルタイム性を保証する OS のことをリアルタイム OS といいます。

リアルタイム OS では，アプリケーション[16] に優先度をつけることでリアルタイム性を保証します。たとえば，車を制御するコンピュータに「ブレーキを制御するアプリケーション（数ミリ秒のリアルタイム性が必要）」，「ウィンカを制御するアプリケーション（数秒のリアルタイム性が必要）」，「空調を制御するアプリケーション（リアルタイム性は必要ない）」の 3 つのアプリケーションが同時に動作していた場合，この中のアプリケーションの優先度は「ブレーキ」＞「ウィンカ」＞「空調」の順になります。リアルタイム OS では，この 3 つのアプリケーションのうち複数のアプリケーションが同時に処理を行う場合，優先度の高いアプリケーションだけを実行する（他のアプリケーションはその間実行しない）ことでリアルタイム性を保証します[17]。

---

16) 実際には，タスクという用語が使われますが，わかりやすさを重視して本書ではアプリケーションと記述します。

17) 逆に言えば，リアルタイム OS であっても優先度の低いアプリケーションのリアルタイム性は保証されません。

5.4　OS の種類

実際に，現在使われているおもな OS の種類について説明します。

5.4.1　Windows

　Microsoft 社のパソコン OS で，現在デスクトップパソコンの中ではトップのシェアを占めている OS です。Windows は 1985 年に最初のバージョンが誕生した OS で，その名が複数形になっているのは，当時のパソコンは複数のウィンドウを同時に扱うことができるものが少なかったため[18]，複数のウィンドウを扱うことができるという意味を込めてつけられたといわれています。Windows は 1995 年に発売された Windows 95 がインターネットに接続する機能を標準的に備えていたため，当時一般に普及し始めていたインターネットブームに乗って世界的なヒット商品となりました。その後 Windows は数年おきにバージョンアップを繰り返し，2020 年現在の時点での最新版は Windows 10 となっています。なお，今後は Microsoft 社の Windows は新しいバージョンを発売するのではなく，Windows 10 をベースに定期的に機能をアップグレードしていくという方針になるといわれていますが，正式に発表されていないので，また方針が変わるかもしれません。

5.4.2　macOS

　Apple 社のパソコン OS で，洗練されたユーザインタフェースや，音楽，映像関係の分野のアプリケーションが充実しているなどの特徴があります。一時期は Windows に大きなシェアの差をつけられていましたが，最近は盛り返してきているようで，熱心なファンが多いことでも知られています。また，派生する製品や OS として，iPod，iPad，スマートフォン向けの iOS などが発売されています。2001 年から macOS のベースに UNIX が使われるようになっています。

5.4.3　Android

　Google 社が開発したスマートフォンやタブレット型パソコン向けの OS です。日本ではスマートフォンに搭載されている OS は，Android と iPhone の iOS で二分されているといってよいでしょう。

---

[18]　複数のウィンドウを同時に扱えるシステムのことをマルチウィンドウシステムといいます。なお，パソコンで最初のマルチウィンドウシステムを搭載したのは Windows ではなく，Macintosh でした。

5.4.4 UNIX

1969年にアメリカのAT＆Tのベル研究所で開発されたOSで，当初はパソコンではなく，大学や研究所などの教育機関のコンピュータのOSとして普及しました。UNIXはその後のさまざまなOSに大きな影響を与えたOSです。UNIXはGUIの機能ももっていますが，使いこなすためにはCUIの機能にもある程度習熟する必要があり，初心者向けであるとはいえないため一般的なパソコンユーザが使うOSとしてはあまり普及していません。しかし，インターネットのサーバのコンピュータ，組み込み機器，スーパーコンピュータなど，幅広い分野で利用されています。たとえば，ウェブサーバなど，インターネット上の多くのサーバはUNIX系のOSで動作しているので，インターネットを利用する際には，何らかの形で知らず知らずのうちにUNIXが搭載されたコンピュータのお世話になっているといえるでしょう。UNIXにはさまざまな種類があり，その中にはオープンソース[19]といわれるライセンスが設定されているOSが数多くあり[20]無料で利用することができます。

5.4.5 TRON

1984年に日本で作られたTRON（The Real-time Operating system Nucleus）プロジェクトで仕様が作られたオープンソースのOSで，当初はパソコン用のBTRON，組み込み機器用のITRONなど用途ごとにいくつかのOSが作られました。その中のBTRONはパソコンOSとしてシェアは振るわず，現在では路線を変更して漢字に特化した「超漢字」という名前で発売されています。一方，組み込み機器用のリアルタイムOSであるITRON[21]はプロジェクトとしては大きく成功し，現在は組み込み機器用のOSとして世界的にも大きなシェアを占めています。たとえば，古くは火星衛星探査機はやぶさのコンピュータの，最近ではNintendo SwitchのOSとしてITRONが使われています。

---

19) オープンソースは，アプリケーションのプログラムを含め，すべてを公開し，無料で利用できるという形態のライセンスのことです。

20) これらの多くはUNIXをベースとしていますが，ライセンスの関係上正式にはUNIX OSではなく，UNIXライクなOSまたはUNIX系OSというようです。

21) 現在では，ITRONから派生したT-KernelというOSに移行しています。

5 章の練習問題

5-1 アプリケーションと同じ意味の用語はどれか。次の中から最も適切なものを選びなさい。

(1) 基本ソフトウェア　　(2) オペレーティングシステム　　(3) 応用ソフトウェア

(4) コンパイラ

5-2 OS の役割はどれか。次の中から適切なものをすべて選びなさい。

(1) ファイルシステムの管理　　(2) クラウドシステムの管理　　(3) インターネットの管理

(4) メモリの管理

5-3 ハードウェアの抽象化に関連するものはどれか。次の中から適切なものをすべて選びなさい。

(1) API　　(2) CGI　　(3) デバイスドライバ　　(4) 拡張子

5-4 同時に複数のアプリケーションを実行するための仕組みはどれか。次の中から最も適切なものを選びなさい。

(1) マルチウィンドウ　　(2) マルチタスク　　(3) マルチコア　　(4) マルチデバイス

5-5 ファイルが記憶される装置はどれか。次の中から最も適切なものを選びなさい。

(1) 主記憶装置　　(2) 補助記憶装置　　(3) ディレクトリ　　(4) フォルダ

5-6 拡張子のうち，中身がアプリケーションを表すものはどれか。次の中から最も適切なものを選びなさい。

(1) txt　　(2) doc　　(3) png　　(4) exe

5-7 OS のビット数は何を表すか。次の中から最も適切なものを選びなさい。

(1) 実行できるアプリケーションの最大容量　　(2) 管理できるメモリの最大容量

(3) 保存できるファイルの最大容量　　(4) 扱える補助記憶装置の最大容量

5-8 OS が用意するユーザインタフェースはどれか。次の中から適切なものをすべて選びなさい。

(1) USB のコネクタの形状　　(2) キーボードの入力方法　　(3) マウスの操作方法

(4) 無線 LAN の接続方法

5-9 複数のアプリケーションが同時に複数の資源を利用できないようにするための仕組みはどれか。次の中から最も適切なものを選びなさい。

(1) GUI　　(2) ユーザインタフェース　　(3) 排他制御　　(4) TCP/IP

5-10 組み込み OS の一般的な特徴として当てはまるものはどれか。次の中から適切なものをすべて選びなさい。

(1) リアルタイム性を必要とするものが多い　　(2) 汎用性がある

(3) ハードウェアが高価である　　(4) ハードウェアの性能が低い

6 プログラミング言語

　本章では，プログラムを人の言葉に近い表現で記述するプログラミング言語
（programming language）について説明します。プログラミング言語は，機械語やアセ
ンブリ言語と違い，実行の流れを「制御構造」として表現することができます。制御構
造には，おもに順次（sequence），分岐（branch），繰返し（iteration）があり，これらを
入れ子に（あるいは，階層的に）組み合わせることによって，理解しやすいプログラム
を記述することができます[1]。前半では，実際に動作するプログラムを示しながら制御
構造の説明をしていきます。この過程では，プログラミング言語で記述する際のわかり
にくさについても触れます。そして，わかりにくさを軽減する方法として，プログラム
の分割法について説明します。後半では，実践的なプログラミング言語がどのようにし
て実行されるのか，その仕組みについて説明します。最後に，実行の流れとは異なる観
点に基づいて記述するプログラミング言語を紹介します。

6.1　プログラミング言語の制御構造

　制御構造は，多くのプログラミング言語で共通していますが，その記述の仕方である
構文（syntax）は，プログラミング言語ごとに異なっています。ここでは，プログラミ
ング言語の例として「JavaScript」を用います。JavaScript は，ウェブブラウザの 1 つ
である「Chrome」上で簡単に実行できるので，プログラム例を実行してみることがで
きます。以降で，プログラムを動かしながら，各制御構造の記述と振舞いについて見て
いきましょう。

6.1.1　Console を用いた JavaScript の実行

　ウェブブラウザ Chrome を起動すると，図 6-1 のようなウィンドウが表示されます。
　図 6-1 のウィンドウ上で，「Ctrl」＋「Shift」＋「j」（3 つのキーを同時に）押してみ
ましょう。図 6-2 の右にあるように「開発者ツール」が現れます。
　「　」を押すと，「Dock side」の項目で，開発者ツールの位置を変更することがで
きます（図 6-3）。
　「　」を選ぶと，図 6-4 のような別ウィンドウとして表示することができます。
　試しに，簡単な計算をしてみましょう。まず，「5＋2＊3；」と入力して，「Enter」を
押してみましょう。計算結果の値として「11」が表示されます（図 6-5）。「5＋2＊3」の

　1）「順次」を「連続」，「分岐」を「選択」，「繰返し」を「反復」という場合もあります。

図 6-1　Chrome の起動

図 6-2　開発者ツールの起動

図 6-3　開発者ツールの位置変更

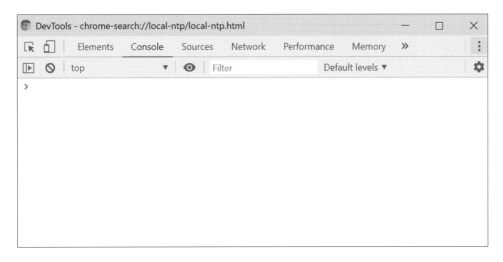

図 6-4　開発者ツールの別ウィンドウ表示

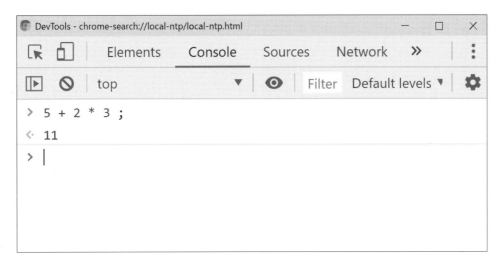

図 6-5　計算の実行（1）

ような値を生成するものを式（expression）といいます。演算子は，基本的に数学と同じですが，キーボードに「×」と「÷」がないので，乗算と除算は「*」と「/」で代用します。入力の始めから「；」までが実行の1単位になります。これを文（statement）といいます。

　次に，「1/2−1」と入力してみましょう。結果の「−0.5」のように，整数にならない場合は，実数で表されます（図6-6）。

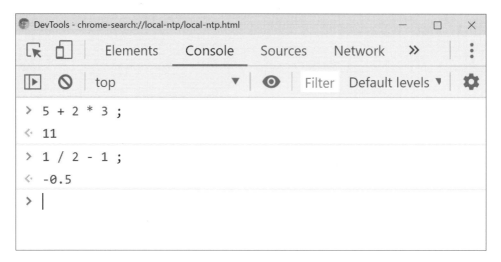

図 6-6　計算の実行（2）

6.1.2　順　　次

　多くのプログラミング言語では，実行単位である文を組み合わせて，複雑なプログラムを記述します。文と文は，値を格納する「変数」によって関係づけられます。変数は，「x」，「y」，「kotae」というように，名前をつけて使います。変数は，使う前に宣言しなければなりません。

　　　　　　　　　　　　var x；　　　var y；　　　var kotae；

宣言は，「var」の後に変数の名前を記述し，最後に「；」を記述します。次のように，「，」で区切って一度に宣言することもできます。

　　　　　　　　　　　　　　var x，y，kotae；

宣言した変数は，「＜変数＞ ＝ ＜式＞；」のように，「＝」の右辺で生成された値を，変数に格納することができます。値を変数に格納することを「変数に値を代入する」といい，代入を実行する文を「代入文」といいます。一旦，値を格納した変数は，定数と同じように式の中で使うことができます。

　次のように，3つの文を変数を用いて組み合わせることによって，標準体重（$22 \times$（身長 $\div 100)^2$）を計算してみましょう。

　　shincho = 175；　　meter = shincho/100；　　hyojun = 22*（meter*meter）；

1つ目の文で，変数「shincho」に cm 単位で身長（たとえば，175）を格納することにします。2つ目の文で，「shincho」の値を m 単位に変換した身長を変数「meter」に格納します。3つ目の文で，「meter」の値を用いて標準体重を計算し（2乗を「meter*meter」で計算しています），変数「hyojun」に格納しています。

　今回の結果の表示は，「console.log（hyojun）；」を用いることにしましょう。「console.log（＜引数＞）」は，＜引数＞のところに指定された値を表示する文で，任意のタイミングで値を表示するのに役立ちます。

図 6-7 標準体重を求めるプログラム

　図 6-7 は，コンソールに記述した様子を示しています。複数の文をまとめて記述する際は，改行するときに「Shift」+「Enter」を用いましょう。実行を指示する「Enter」は，すべてを記述した後に押します。

　このプログラムは，4 つの文を頭から順番に実行し，変数への格納によって「22×（身長÷100)^2」を計算していることがわかります。このように，並んでいる文を始めから順に実行する実行方法を順次（sequence）といいます。

　最後に表示される「undefined」は，「console.log (hyojun)」自身が値を生成しないことを示しているだけなので，無視して構いません。

6.1.3　関　　数

　同じプログラムを何度も記述しなければならない場合，プログラムに名前をつけて，その名前で使いまわせると便利です。この名前をつけたプログラムを関数（function）あるいは手続き（procedure）といいます。結果として値を生成するものを関数，そうでないものを手続きという場合もありますが，以下ではすべて関数ということにします。

　たとえば，図 6-7 を関数にすることを考えます。名前を「std」にすることにしましょう。std を複数の場所で実行できるのであれば，そのたびごとに身長「shincho」の値を変えられたら便利です。実行の際に，関数に渡す値や受け取る変数を引数（argument）といいます。引数をもった関数は，「function ＜関数名＞（＜引数＞）｛＜プログラム＞｝」のように記述します。＜引数＞が複数ある場合は，「,」で区切って並べます。図 6-7 を「shincho」を引数として関数にすると，図 6-8 のようになります。

　関数を実行することは，「関数を呼び出す」といい，関数を呼び出すことを「関数の呼出し」といいます。関数の呼出しは，「＜関数名＞（＜引数＞）」のようにします。

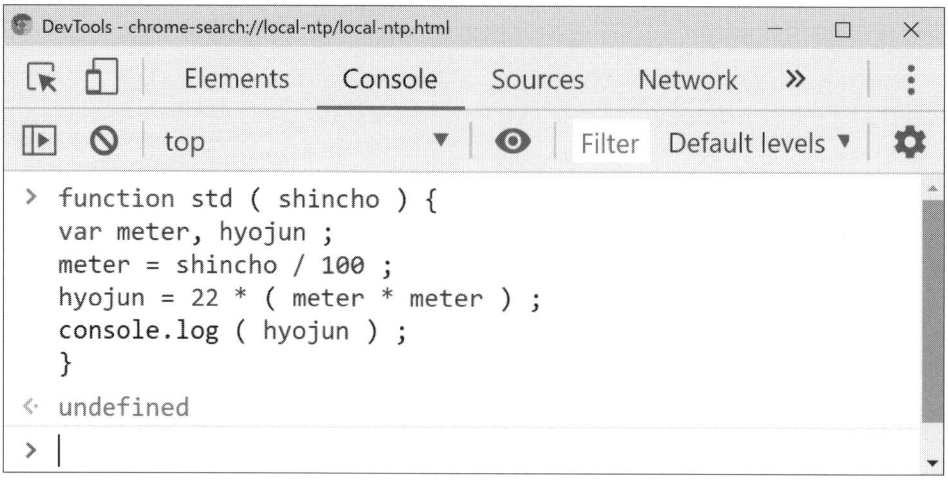

図 6-8　標準体重を表示する関数

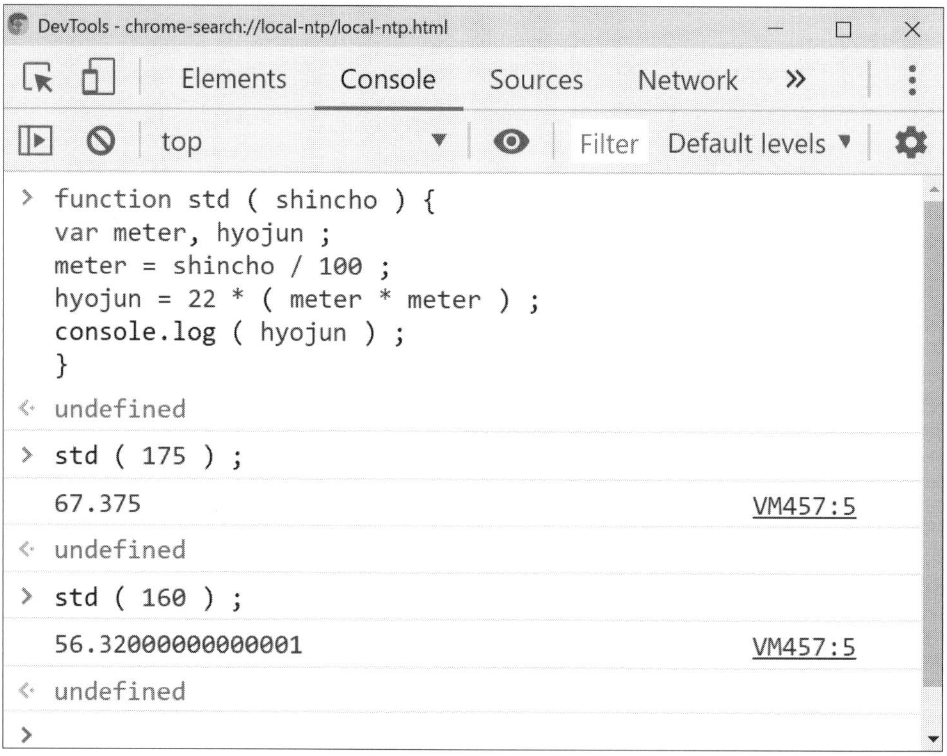

図 6-9　関数 std の呼出し

　<引数>が複数ある場合は,「,」で区切って並べます。図 6-9 に,引数「175」と「160」
に対して,std を呼び出した例を示します。

6.1.4　分　　岐

　複雑なプログラムを作成しようとするとき，実行の流れを，順次から変更したい場合がよくあります。そのような場合に，分岐（branch）を用います。次の分岐は，ある＜条件＞が満たされた場合＜文1＞を実行し，満たされなかった場合＜文2＞を実行する「条件分岐」文を表しています。

$$if（＜条件＞）　＜文1＞　else　＜文2＞；$$

　＜条件＞が満たされなかった場合に特に実行することがなければ，「else」と＜文2＞を省略することもできます。

　図6-8の「std」を改造して，身長と体重から，「太り気味」か「痩せ気味」かを判定する関数「std2」を作成してみましょう。引数は，身長を表す「shincho」の他，体重を表す「taijyu」を用意します。後は，条件分岐を用いて，「hyojun」と「taijyu」を比較し，コメントを表示します。比較には，次の「関係演算子」が利用できます。関係演算子には，

　　　より大きい：＞，　　　より小さい：＜，

　　　以上：＞＝，　　　　　以下：＜＝，

　　　等しい：＝＝，　　　　異なる：！＝

などがあります。図6-10では，体重が標準体重以上かどうかを「taijyu＞＝hyojun」によって判定しています。

　図6-10の後に，「体重175，体重65」，「体重160，体重70」で，「std2」を呼び出してみると，図6-11のように表示されることがわかります。

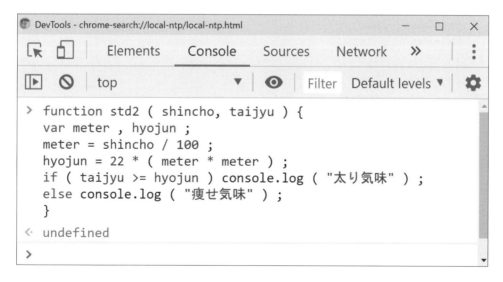

図 6-10　条件分岐（関数 std2）

図 6-11　関数 **std2** の呼出し（図 6-10 の続き）

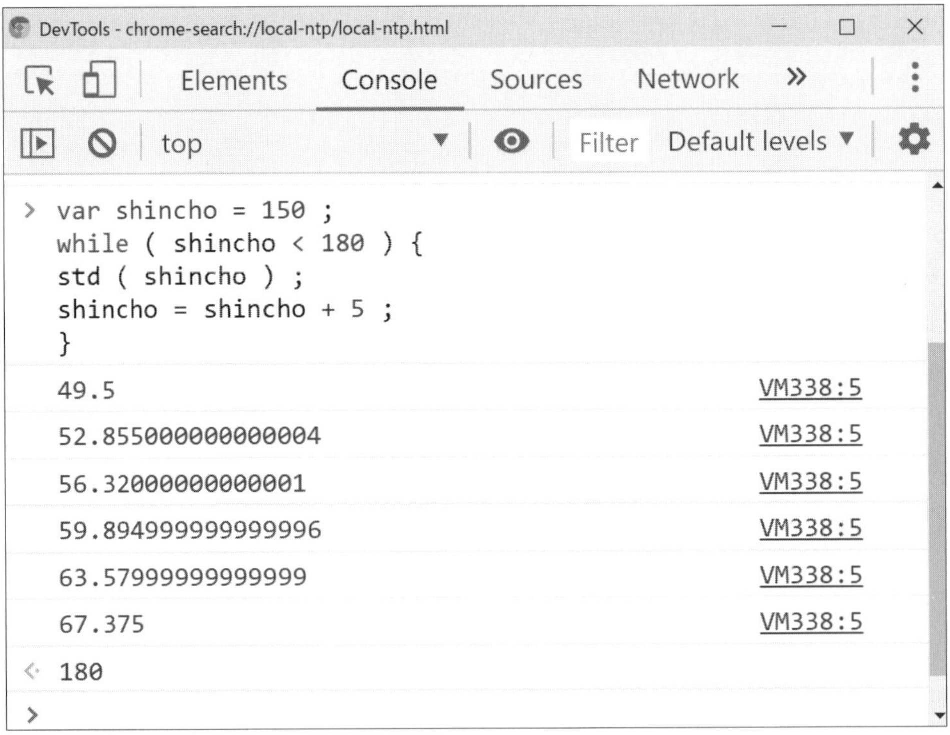

```
> var shincho = 150 ;
  while ( shincho < 180 ) {
  std ( shincho ) ;
  shincho = shincho + 5 ;
  }
  49.5                                          VM338:5
  52.855000000000004                            VM338:5
  56.32000000000001                             VM338:5
  59.894999999999996                            VM338:5
  63.57999999999999                             VM338:5
  67.375                                        VM338:5
‹ 180
>
```

図 6-12　**while 文**（図 6-8 の続き）

6.1.5　繰 返 し

　複雑なプログラムでは，同じ処理を繰り返さなければならないことがよくあります。そのような場合には，繰返し（iteration）を用います。たとえば，次の「while 文」は，繰返しの条件を満たしている間だけ，＜文＞を繰り返すことを表しています。

while（＜繰返し条件＞）　＜文＞

　図 6-12 は，「6 つの標準体重」を計算するために while 文を用いています。while 文は，変数「shincho」が「180 より小さい」間「{」と「}」に囲まれた部分を繰返し実行します。「{…}」はブロック（block）といい，複数の文をまとめて 1 つの文にする役割をしています。ブロックの中では，「shincho」を引数として関数「std」を呼び出すことによって，標準体重を表示します。ブロックの最後で，「shincho＝shincho＋5；」の代入文があることに注目しましょう。これは，「shincho＋5」で計算した結果で，「shincho」の値を更新することを意味しています。すなわち，この while 文では，初期に「150」だった「shincho」の値が，繰返しのたびに 5 ずつ増加することがわかります。結果として，このプログラムは，「shincho」が 180 に達するまで，順に「std（150）」，「std（155）」，「std（160）」，「std（165）」，「std（170）」，「std（175）」を実行して終了することになります。

6.2　プログラムの実行と言語処理系

　プログラミング言語で書かれたプログラムは，人の言葉に近づけた表現なので，コンピュータ上で直接実行することができません。そこで，言語処理系（language processor）

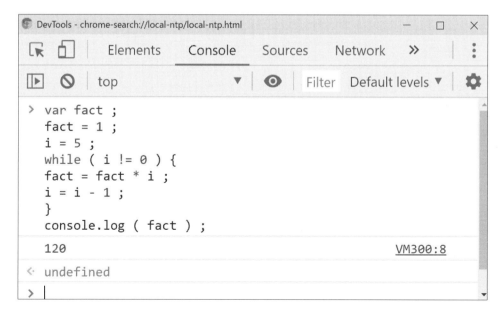

図 6-13　階乗を計算するプログラム

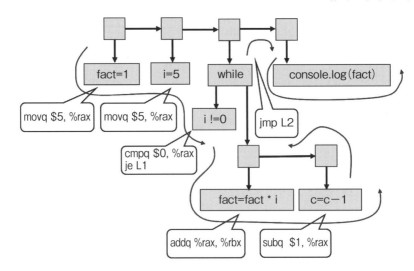

図 6-14　階乗を計算するプログラムの階層構造

というプログラムによって，プログラムの構造を解析し，実行できるようにします。プログラミング言語で書かれたプログラム（以下，ソースコード（source code）という）は，ブロックを入れ子に配置した構成になっているものがほとんどです。すなわち，機械語のプログラムが，命令を1列に並べただけなのに対して，プログラミング言語で記述したプログラムは，階層構造をもっています。言語処理系は，まず，字句解析（lexical analysis）という処理によって，ソースコードを，単語にあたる字句（lexeme）の並びに切り分けます。次に，構文解析（syntax analysis あるいは parsing）という処理によって，字句の並びをプログラミング言語の構文のパターンと照らし合わせて，プログラムの構造を抽出します。図6-14は，5の階乗を計算するプログラム（図6-13）の各構文要素を階層構造で表現したものです。一旦，この階層構造が抽出できると，左から下を優先に，順番にたどることによって，構文要素に対応する処理を行うことができます。言語処理系は，この構文要素に対する処理で何を行うかで，インタプリタ（interpreter）とコンパイラ（compiler）に大別することができます。

6.2.1　インタプリタ

　図6-14の各構文要素に対して，対応する処理をその場で実行する言語処理系を「インタプリタ」といいます。インタプリタは，ソースコードに含まれる構文を解析しながら，各構文が意味している振舞いを解釈して直接実行します。JavaScriptもインタプリタで実行されています。図6-15に示すように，ユーザから入力を受け付けたり，実行結果を表示したりするのはインタプリタであることに注意しましょう。インタプリタには，記述したプログラムを即座に実行して結果を確認できるという利点があります。また，インタプリタさえ存在すれば，ハードウェアやオペレーティングシステム（OS）

図 6-15 インタプリタによる実行

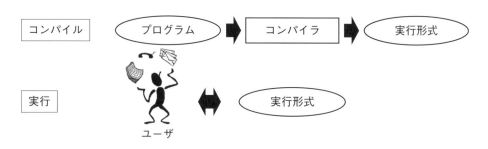

図 6-16 コンパイラによる実行

の種類に関係なく，同じプログラムを実行できるという利点もあります。一方で，インタプリタによる実行は，ソースコードの解析時間を含んでいるので，実行効率で劣る傾向があります。

6.2.2 コンパイラ

図 6-14 の各構文要素に対して，吹出しのように機械語の命令を生成していくと，実行可能コードを生成することができます。このように，ソースコード全体を，実行可能コードに変換する言語処理系をコンパイラ（compiler）といいます。また，コンパイラによって，ソースコードを実行可能コードに変換することをコンパイル（compile）といいます。実行可能コードは，余計な解析を必要とせず，コンピュータによって直接実行できるので，高速な実行を実現できます。図 6-16 に示すように，コンパイルと実行は異なる処理なので，プログラムに間違いがなくなるまで，実行せずにコンパイルを繰り返すこともできます。一旦コンパイルが完了すれば，実行可能コードだけで実行することができます。一方で，異なるハードウェアや OS 上で実行するためには，ソースコードをコンパイルしなおさなければならないという欠点もあります。

6.2.3 仮 想 機 械

最近のプログラミング言語の中には，インタプリタによる実行とコンパイラによる実行を組み合わせた実行方法を採用するものが多くあります。図6-17に示すように，まず，ソースコードを，コンパイラによって，「バイトコード」という「中間コード」にコン

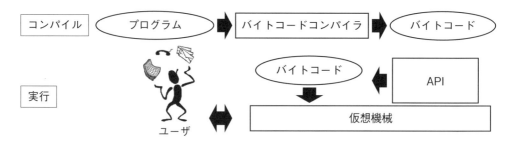

図 6-17　仮想機械による実行

パイルします。バイトコードに変換するコンパイラを，特に「バイトコードコンパイラ」
という場合もあります。バイトコードはソースコードより機械語に近いので，解析のコス
トが低く，比較的効率的に実行できます。生成されたバイトコードは，インタプリタ
の一種である「仮想機械」で実行するので，ハードウェアや OS の違いにかかわらず実
行することができます。

6.3　プログラムの分割

6.3.1　オブジェクト指向プログラミング

　自然言語に近いプログラミング言語は，機械語やアセンブリ言語に比べて，プログラ
ミングや理解のしやすさが格段に向上しました。しかし，プログラムのサイズがより大
きくなり，より複雑になればなるほど，プログラミング言語の利点も限られてきます。

　プログラミングや理解のしやすさを保つ 1 つの方法は，プログラムをいくつかの単位
に分割することです。何を単位に分割するかは，いろいろな見方（以下，側面（aspect）
といいます）が提案されています。たとえば，プログラムを機能の側面で分割すること
を考えると，分割単位はすでに説明した関数（あるいは手続き）になります。

　いま，特定の人の身長と体重を変数「shincho」と「taijyu」で覚えておいて，適宜「太
り／痩せ気味」を知りたいとします。図 6-10 の「std2」を「std2（shincho, taijyu）」で
呼び出せばよいですが，「std2」を呼び出すたびに同じ，「shincho」と「taijyu」を引数
に指定しなければならないのは煩雑です。そこで，図 6-18 に示すように，「std2」から
引数を取り除いた関数「std3」を用意して，直接，外側で宣言している「shincho」と「taijyu」
を操作するようにします。このような「std3」を用いれば，引数を指定せずにただ呼び
出すだけで結果が得られます。もし，体重に変化があった場合は，「taijyu」に代入しな
おすだけで済みます。この後，「std3」を呼び出せば，新しい体重を反映した結果が得
られます（図 6-19）。

　「std3」のような特定の変数を参照する関数は便利ですが，数が増えると，同じ変数
に対する関数同士の依存性が高まるので，分割した効果が低減します。そこで，変数と，
関連する関数を 1 つの単位として分割する方法が用いられます。この単位を抽象データ

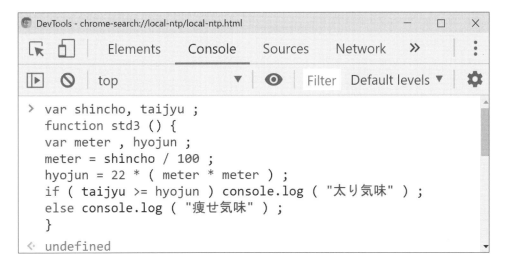

図 6-18　特定の変数に依存する関数

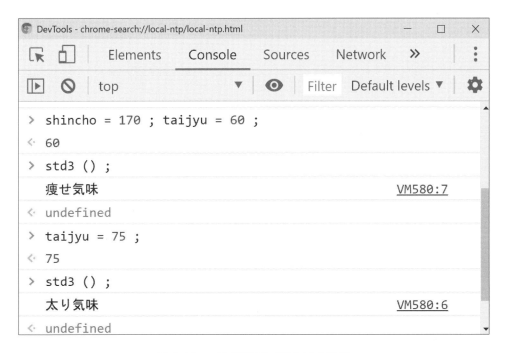

図 6-19　**std3** の呼出し（図 6-18 の続き）

型（abstract data type）といいます。抽象データ型の実現方法の 1 つに，オブジェクト（object）があります。オブジェクトの概念に基づいたプログラミング方法はオブジェクト指向プログラミング（object oriented programming）といいます。このオブジェクト指向プログラミングを容易にするように設計された言語をオブジェクト指向言語（object oriented language）といいます。

6.3.2　オブジェクト指向言語

　JavaScript はオブジェクト指向言語です。JavaScript には，いくつかのオブジェクトの生成法がありますが，オブジェクトのひな型であるクラス（class）を定義し，そのクラスをもとにオブジェクトを生成する例を示しましょう。クラスは，次のように定義します。

class　＜クラス名＞｛…｝

　「｛」と「｝」に囲まれたところには，図6-18 に示した変数とそれを扱う関数にあたるものを記述します。オブジェクト指向言語では，この変数をインスタンス変数（instance variable）あるいはプロパティ（property，JavaScript でのいい方）といい，関数をメソッド（method）といいます。各クラスは，1つだけ「constructor」というメソッドをもつことができます。このメソッドは，その名の通りコンストラクタ（constructor）といい，クラスからオブジェクトを生成する際に1回だけ呼び出されます。コンストラクタ内で，「this.＜インスタンス変数名＞」と記述すると，インスタンス変数が生成されます。

　図6-20 では，「shincho」と「taijyu」を生成し，コンストラクタの引数の値で，初期値を代入しているのがわかります。メソッド「std」は，図6-18 の「std3」と同じですが，インスタンス変数である「shincho」と「taijyu」は，「this.shincho」と「this.taijyu」で参照している点に注意しましょう。

　クラスからオブジェクトを生成するのは，次のようにします。

new　＜クラス名＞（引数）

図 6-20　クラス Person

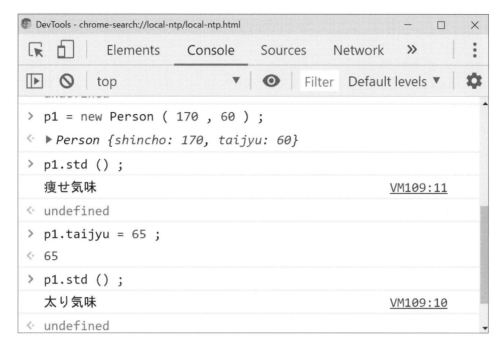

図 6-21　Person からのオブジェクト生成（図 6-20 の続き）

　図 6-21 では，Person からオブジェクトを生成する際に，引数「170」と「60」を受け渡しています。これは「constructor (170, 60)」の呼出しに対応するので，これらの引数は，インスタンス変数に初期の値として格納されます。生成したオブジェクトは，変数 p1 に格納しています。「Person」に定義したインスタンス変数もメソッドも，p1 のオブジェクトの内部にある存在なので，参照する際には，「＜オブジェクト＞.」をつけなければなりません。図 6-21 では，まず，「p1.std ()」によって，メソッド「std」の 1 回目の呼出しを行います（「痩せ気味」と表示します）。その後，「p1.taijyu＝65」でインスタンス変数「taijyu」を変更し，改めて，「std」を呼び出すと，変更に対応する表示（「太り気味」）が行われます。

　図 6-20 と図 6-21 は，クラス「Person」を「定義する側」と「使う側」に対応しているのがわかります。使う側は，Person のプログラムの詳細を知る必要はなく，メソッドの呼出し方がわかっていれば使うことができます。一方，定義する側は，メソッドの使われ方と意味を変更しなければ，使う側に影響を及ぼすことなく，プログラムを変更することができます。たとえば，「std」における標準体重の計算結果を変数に覚えさせておいて，身長や体重に変更がなければ，標準体重を再計算することなく以前の結果を表示するように改良することもできます。この改良は，「std」の効率を向上させますが，使う側のプログラム変更を必要としません。このように，オブジェクト指向プログラミングは，プログラムのメンテナンスや管理を容易にし，プログラムの部品化に貢献します。

6.4　いろいろなプログラミング言語

　これまで紹介してきた JavaScript は，コンピュータ上で実行可能コードを実行する
のによく似た実行モデルに基づいています。このようなプログラミング言語を手続き型
言語（procedural programming language）（あるいは命令型言語（imperative program-
ming language））といいます。ここでは，手続き型言語以外の実行モデルに基づく関数
型言語（functional programming language）と論理型言語（logical programming lan-
guage）を紹介します。

6.4.1　関数型言語

　手続き型言語が，「実行の流れ」と「変数内の値」を考慮しながらプログラムを作成
するのに適しているのに対して，「関数型言語」は，小さい関数を合成して大きな関数
を作成するという手順でプログラムを作成していくのに適しています。最近の関数型言
語は，次のような性質を備えたものが多くあります。

　　①　関数の中に入れ子に関数を定義できる。
　　②　関数を引数として受け取ったり，結果として返したりすることができる。
　　③　定数，演算子のオペランドと結果，関数の引数と結果が，一貫性をもって組み
　　　　合わされているか検証する。

　上記③の一貫性検証は，特に型推論（type inference）といいます。

　図 6-22 に，関数型言語の 1 つである「OCaml」で記述したプログラム例を示します。
プログラムは，促進記号（プロンプト）「#」の後から記述します。「;;」を入力すると，
記述したプログラムが実行され，結果が表示されます。図 6-20 では，結果が「val
add：int->int->int＝＜fun＞」になります。これは，「値 add が型 int->int->int を
もつ関数」であることを意味しています。型「int」は，受け渡される値が整数値でな
ければならないことを示すもので「int 型」といいます。「->」は，「＜引数の型＞
->＜結果の型＞」のように関数の型を示すために用います。「int->int->int」は，
「int」型の引数を与えると，「int->int」型の関数が結果となることを示しています。

　OCaml における関数の定義は，次のように「fun」を用いることができます。

$$\text{fun}　\text{＜引数＞}　->　\text{＜関数本体＞}$$

　関数定義の中には，「関数名」に相当するものはありません。関数型言語では，関数
は値の 1 つなので，名前が必要であれば，「変数」を使います。変数を導入するには，
次のように「let」を用います。

```
# let add = fun x -> fun y -> x + y;;
val add：int -> int -> int = <fun>
```

図 6-22　OCaml のプログラム例

let ＜変数名＞ ＝ ＜値＞

図6-22では，引数「x」をもつ関数を定義して，「add」という変数名にしています。その本体では，引数「y」をもつ関数「fun y -> x + y」を定義して，その関数自体を結果としています。関数「add」を引数「1」と「2」に対して呼び出すのは，次のようにします。

```
# add 1 2 ;;
- : int = 3
```

関数型言語では，関数の呼出しを関数の適用（application）といいます。「add」の1，2への適用によって，「int型」の結果3が得られることがわかります。「add 1 2」は，「(add 1) 2」と同じです。まず，「add 1」によって，引数「x」が1で置き換わった関数「fun y ->1+y」が結果として得られます。それを，さらに2に適用するので，「1+2」が計算され，結果が3になります。「add 1」の結果は関数なので，この段階で，変数名を与えることもできます。

```
# let add1 = add 1 ;;
val add1 : int -> int = ＜fun＞
# add1 2 ; ;
- : int = 3
```

次に，関数を引数として受け渡す例を示しましょう。

```
# let twice = fun f -> fun x -> f (f x) ;;
val twice : ('a -> 'a) -> 'a -> 'a = ＜fun＞
```

「twice」は引数「f」で関数を受け取って，2回適用する関数です。「'a」は型変数で，どんな型の値でも受け取れることを意味します。すなわち，「twice」の型「('a -> 'a) -> 'a -> 'a」は，「'a -> 'a」型の関数を受け取り，さらに「'a」型の値を受け取ると，「'a」型の結果を生じることを意味します。たとえば，「twice」を「add1」と「2」に適用してみると，「add1」が「2」に2回適用されて，次のように，結果4が得られます。

```
# twice add1 2 ;;
- : int = 4
```

6.4.2 論理型言語

手続き型言語も関数型言語も，値を計算しているという点では同じです。一方，論理型言語は，事実（fact）と規則（rule）からなる節（clause）の集まりをプログラムとして，「質問」に対する真偽を「証明する」ことが実行になります。論理型言語の1つであるPrologを例に説明しましょう。

Prologでは，「事実」を次のように記述します。

＜述語＞（＜引数＞, ＜引数＞, …, ＜引数＞）.

たとえば，図6-23では，アニメ「サザエさん」の登場人物の人間関係をPrologで記述しています。このプログラムでは，「男性である」，「女性である」，「父親である」，「母

male (namihei). male (katsuo). male (tara). male (masuo).

female (fune). female (wakame). female (sazae).

father (masuo, tara). father (namihei, sazae). father (namihei, katsuo).

father (namihei, wakame).

mother (sazae, tara). mother (fune, sazae). mother (fune, katsuo).

mother (fune, wakame).

図 6-23 Prolog における事実の定義

parents (X, Y) : - father (X, Y). parents (X, Y) : - mother (X, Y).

son (X, Y) : - parents (Y, X), male (X).

daughter (X, Y) : - parents (Y, X), female (X).

grandfather (X, Y) : - parents (Z, Y), father (X, Z).

grandmother (X, Y) : - parents (Z, Y), mother (X, Z).

図 6-24 Prolog の規則

親である」に相当する述語「male」,「female」,「father」,「mother」が使われています。引数は，主語を表すとみなすことができるので，「male (katsuo)」は，「カツオは男性である」という事実を表していることになります。ここで，小文字から始まる名前は，オブジェクト (object) といい，定数の一種です。

　次に，事実と事実を組み合わせて規則を記述します。たとえば，図 6-24 は，図 6-23 の事実に基づいた規則を示しています。規則「son (X, Y) :- parents (Y, X), male (X).」は，「Y は X の親であり，かつ，X が男性であるならば X は Y の息子である」ことを表しています。ここで，大文字から始まる名前は変数を表しています。

　規則は，次の形式で記述し，「本体部ならば頭部である」という関係を表します。

<頭部>：- <本体部>.

　<本体部>は，goal1, goal2, …, goaln のように，複数の「ゴール」を「,」で区切った形式で記述します。「,」は「かつ」を意味します。一方，事実や規則を単純に並べたものは「または」の関係になります。

　事実と規則をプログラムとして実行してみましょう。まず，事実と規則をファイルに保存します（ファイル名を「isono.pl」とします）。Prolog を起動すると，次のようなプロンプト「?-」が表示されます。「?-」の後には，「操作コマンド」か「質問」を入力することができます。まず，操作コマンド「open」を使って，プログラムを読み込みます。

?-   open isono.

　続いて，「質問」を入力します。「質問」は，「事実」の問い合わせなので，事実と同じ形式で入力します。「質問」が「真」であれば「Yes」，「偽」であれば「No」と表示されます。

　　　　　　　?- grandfather (namihei, tara).

　　　　　　　Yes.

　　　　　　　?- son (katsuo, fune).

　　　　　　　Yes.

　それでは，Prolog が，どのように Yes と No を判断しているのか説明しましょう。Prolog の基本的な振舞いとして，「かつ」で結ばれた「質問」が，すべてプログラム中の事実とマッチしたとき「Yes」を返します。また，「質問」が「規則」の「頭部」にマッチすると，その「質問」を，「規則」の「本体部」に記述されたゴールに置き換えます。この規則の置換えが，繰り返し適用されると，もとの質問を最も基本的な事実に分解できることがわかります。たとえば，「grandfather (namihei, tara)」は，次のように，置き換えられながら，事実とマッチするか調べられます。

　　　　grandfather (namihei, tara).

　　　　　　　↓ 規則「grandfather (X, Y) : - parents (Z, Y), father (X, Z).」の適用

　　　　parents (Z, tara), father (namihei, Z)

　　　　　　　↓ 規則「parents (X, Y) : - mother (X, Y).」の適用

　　　　mother (X,　tara), father (namihei, X)

　　　　　　　↓ 規則「mother (sazae, tara). と father (namihei, sazae).」の適用

　　　　Yes.

　ここで，変数は，相手が何であろうとマッチすることに注意しましょう。また，一旦，変数がマッチすると，その変数が現れるすべての場所が，マッチした対象で置き換わります。この変数の性質を利用すると，質問を満たすオブジェクトを問い合わせることもできます。たとえば，「fune」のすべての「daughter」を問い合わせてみましょう。

　　　　　　　?- daughter (X, fune).

　　　　　　　X = sazae

　　　　　　　Yes；

　　　　　　　X = wakame

　　　　　　　Yes；

　　　　　　　No.

　問い合わせたい部分を「変数」にすることによって，「質問」を満たす候補が表示されます。1つ候補が表示されるたびに，「Yes」が表示されます。その後，「；」を入力すると，次候補が表示されます。Prolog は，「；」が入力されるたびに，マッチする別の可能性を探索します。このように後戻りをしながら探索する方法を，バックトラック（backtrack）といいます。これ以上候補を表示する必要がなければ，「.」を入力することによって，バックトラックを中止させることができます。

6章の練習問題

6-1 プログラムにおける実行の最小単位を何というか。次の中から最も適切なものを選びなさい。

(1) 式　　(2) 引数　　(3) 文　　(4) 変数

6-2 制御構造と関係ない用語はどれか。次の中から選びなさい。

(1) 順次　　(2) 繰返し　　(3) 分岐　　(4) 宣言

6-3 バイトコードを実行するものを何というか。次の中から最も適切なものを選びなさい。

(1) インタプリタ　　(2) コンパイラ　　(3) コンピュータ　　(4) 仮想機械

6-4 プログラムを機能の側面で分割するものはどれか。次の中から最も適切なものを選びなさい。

(1) オブジェクト　　(2) 関数　　(3) 文　　(4) 抽象データ型

6-5 クラスに記述する関数を何というか。次の中から最も適切なものを選びなさい。

(1) インスタンス変数　　(2) 手続き　　(3) プロパティ　　(4) メソッド

6-6 クラスからオブジェクトを生成する際に1回だけ呼び出される関数を何というか。次の中から最も適切なものを選びなさい。

(1) 入れ子関数　　(2) ソースコード　　(3) コンストラクタ　　(4) ハッシュ関数

6-7 OCaml において，関数の引数と結果の一貫性を検証するものを何というか。次の中から最も適切なものを選びなさい。

(1) 型推論　　(2) 格納　　(3) 代入　　(4) 合成

6-8 Prolog において節にあたるものはどれか。次の中から最も適切なものを選びなさい。

(1) 規則　　(2) 述語　　(3) 頭部　　(4) 本体部

6-9 図6-9の関数 std の「console.log (hyojun)；」を「return hyojun；」に置き換えると std の計算した結果を利用できるようになる。「std (175) ＋10；」によって，std の計算結果をさらなる計算に利用できることを確認しなさい。

6-10 図6-10の関数 std2 を，問題6-9で書き換えた std を利用して簡素化しなさい。

ヒント：std2 中の std と同じ計算をしている部分を削除し，条件分岐の条件にある「hyojun」を「std (shincho, taijyu)」に置き換える。

7 アルゴリズムとデータ構造

7.1 アルゴリズムとは

アルゴリズムとは，問題を解決するための処理の手順（手続き，procedure）を形式的に表したものです。ただし，処理が停止することが保証されている必要があります。一般には，流れ図（flow chart）を使って示します。以下では，JIS 0121：1986[1] で定義した流れ図記号を使います（図 7-1）。

アルゴリズムはプログラムの設計図にあたるもので，「制御構造」を組み合わせて記述します。アルゴリズムを理解しないと「効率よいプログラム」を記述することはできません。6 章で説明したように，「制御構造」には 3 つの種類があり，順次，分岐，繰返しといいます。図 7-2 で流れ図により制御構造を表した例を示します。

本章の前半では代表的なアルゴリズムを紹介し，後半でアルゴリズムを表現するために必要なデータ構造について説明します。

7.1.1 変数と配列

アルゴリズムを記述するためには，変数を定義し計算の過程で必要な値を格納します。変数は，記憶装置上に作られる箱を示し，1 つの値を格納します（図 7-3）。変数には，名前（以下，変数名という）をつけることができます。

流れ図で表現するときは，変数名（V）で参照し，変数に値を格納することができます。以下のように記述し，代入といいます。

$$V \leftarrow 値$$

さらに，変数を集めた構造をもつ配列も定義できます。数学ではベクトルや行列として定義します。一般的には，各箱に対して 0 から連続した整数の番号[2] がつけられ添字（subscript, index）といいます。図 7-4 では，添字が 0 から 3 までの一次元配列を示しますが，二次元以上の多次元配列も定義することができます。

たとえば，配列 array の添字 2 に値を代入するには，以下のように記述します。

$$array[2] \leftarrow 値$$

7.1.2 標 準 体 重

最初に，6 章で説明した標準体重を求めるアルゴリズムを流れ図で表します（図

---

1)　JIS は，日本産業規格（Japanese Industrial Standards）の略。
2)　プログラミング言語によっては，添字は 0 以外から始まる場合もあります。

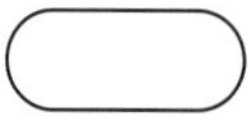	端子	手順の最初または最後を示す。
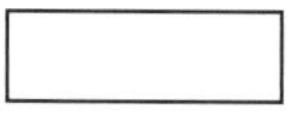	処理	手順の中での1つ1つの処理を示す。
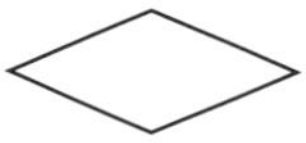	判断	条件判断を示す。条件を記述し、真(True)の場合と、偽(False)の場合を示す。
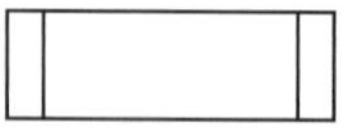	定義済み処理	別に定義する手順(手続き、関数、サブルーチンなど)を示す。
	手入力作業	手入力をする装置や内容を示す。
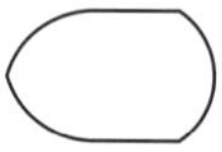	表示	計算結果などを表示する装置や媒体を示す。
	線	データまたは手順の流れを表す。
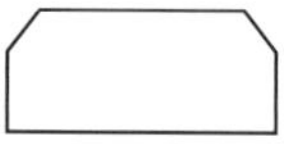	ループ始端	2つの部分からなり、ループの始まりを示す。
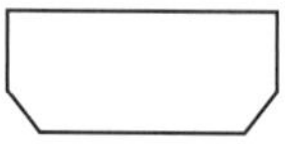	ループ終端	2つの部分からなり、ループの終わりを示す。
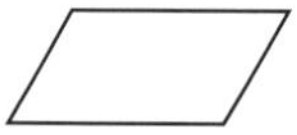	データ	媒体を指定しないデータを示す。
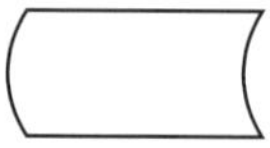	記憶データ	記憶装置などに記憶されているデータを示す。媒体は指定しない。
	注釈	詳しく説明するために、注釈を付加する。
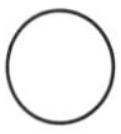	結合子	手順を示す流れ図の始まりや、終わりを示し、別に定義する流れ図への入口や出口を示す。
	破線	2つ以上の記号における択一的な関係を示す。

図 7-1　JIS 0121：1986 で定義するおもな流れ図記号

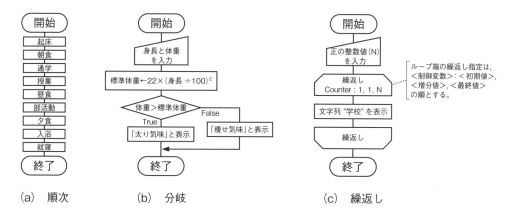

図 7-2　制御構造の種類

V　　| 123 |

図 7-3　変数

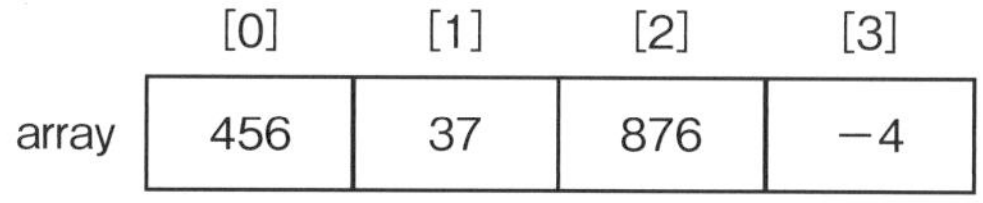

	[0]	[1]	[2]	[3]
array	456	37	876	−4

図 7-4　配列

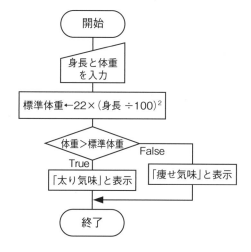

図 7-5　標準体重を求めメッセージを表示するアルゴリズム

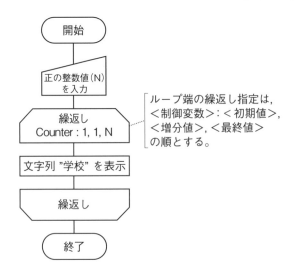

図 7-6　文字列を N 回表示するアルゴリズム

7-5)。6 章では関数として定義しましたが，「身長」より標準体重を求め，「体重」と標準体重と比べ「太り気味」，「痩せ気味」というメッセージを表示するアルゴリズムとして定義します。標準体重は $22 \times (身長 \div 100)^2$ で求めることができます。

　このアルゴリズムは「分岐」を用いて記述します。変数「身長」に身長を，変数「体重」に体重を入力し，標準体重の公式より，標準体重を求め変数「標準体重」に代入します。標準体重と体重を比べ，標準体重より体重が軽い場合は「痩せ気味」を表示し，標準体重より体重が重い場合は「太り気味」を表示します。

7.1.3　文字列を N 回表示

　次に，繰返しを理解するために，「文字列 " 学校 " を N 回表示」するアルゴリズムを説明します（図 7-6）。回数をカウントするために，制御変数「Counter」を用意します。最初 Counter に 1 を代入し，Counter が N になるまで，「文字列 " 学校 " を表示」を繰り返します。

　図 7-6 アルゴリズムを実行すると，図 7-7 のように N 個，" 学校 " という文字列が表示されます。

7.1.4　1 から N までの総和

　文字列を N 回表示するアルゴリズムを応用して，1 から N までの総和を計算するアルゴリズムを説明します（図 7-8）。1 から N まで数え上げる変数 Counter を用意し，総和を格納する変数 S に Counter の値を足し込んでいきます。

　繰返しの後，S（総和を格納した変数）の値を表示します。

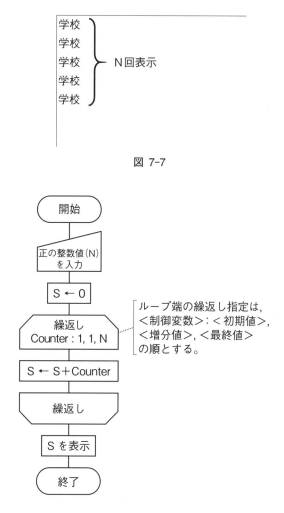

図 7-7

図 7-8　**1 から N までの和を求めるアルゴリズム**

7.1.5　ローン計算

　ローン計算は，プログラムで 1 年ごとの計算を実際に繰り返して求める必要があります。元金を a 円，年利率を r ％ とすると n 年後の元利合計額 k は，次式で計算することができます。

$$k = a \times \left(\frac{r}{100} \right)^n$$

　ローン計算は，返済残が 0 になったらそれ以上返済する必要はないので，ここでは，返済が完了するまでの年数も求めることを考えます。「返済残」を S として，繰返しの終了条件を「S≦12×b」に設定します。最終年度は，1 年分の返済をしなくてよいので「返済残」を 1 度だけ支払います。

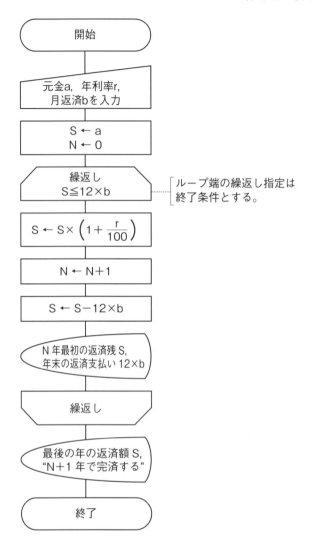

図 7-9　ローン計算のアルゴリズム

　元金, 年利率, 月返済を入力し, 返済残を格納する変数 S の初期値を元金とし, 1 年後, 2 年後から n 年後までの各年について, 年末の返済残と返済額を計算し, 表示するアルゴリズムを図 7-9 に示します。

　このアルゴリズムのように, 繰返し回数がわからない場合には, 「終了条件」を設定して繰返しを行うことで求めることができます。

7.1.6　バブルソートによる並べ替え

　アルゴリズムを考える場合に, 代表的な「並べ替え」を考えます。たとえば,

　　　　　すずき, かとう, たなか, たかはし, いとう

という 5 名の名前の並びがあった場合, 「あいうえお順」(以下, 辞書式順序という)に

並べ替えることを考えます。

すずき, かとう, たなか, たかはし, いとう

最初の2つの名前「すずき」,「かとう」を取り出して辞書式順序になっているかを調べます。なっていないので交換します。

かとう, すずき, たなか, たかはし, いとう

次の2つの名前「すずき」,「たなか」を取り出して辞書式順序になっているかを調べます。なっているのでそのままにします。

かとう, すずき, たなか, たかはし, いとう

次の2つの名前「たなか」,「たかはし」に対して同じ処理をし,辞書式順序になっていないので交換します。

かとう, すずき, たかはし, たなか, いとう

1巡目の最後に,「たなか」,「いとう」に対して同じ処理をし,辞書式順序になっていないので交換します。したがって,以下のようになります。

かとう, すずき, たかはし, いとう, たなか

以上の一連の処理(1巡の処理)で,右端に辞書式順序として正しい名前になりました。「たなか」が5名の名前の並びの中で右端になる名前(辞書式順序で最後にくる名前)であることがわかります。

　名前の数がN個の場合に一般化します。1巡目で一通りの処理をすると辞書式順序の最後になる名前が見つかり,2巡目で辞書式順序の最後から2番目になる名前が見つかり,3巡目で辞書式順序の最後から3番目になり名前が見つかりというように繰り返し,N巡目で辞書式順序の最後からN番目の名前が見つかることがわかります。N個の要素の並びの場合はN−1巡目で辞書式順序で並べ替えが終了します。この並べ替えのアルゴリズムをバブルソートといいます。

　最初の問題に戻りましょう。5名の名前を並べ替えるには,上の処理を4回繰り返せばよいことがわかります。アルゴリズムを流れ図で示すために,各名前を配列に格納して考えましょう(図7-10)。

　5名の名前に対しては,1巡の処理を0から3まで繰り返し,その1巡の処理を4回繰り返せばよいことがわかります。

　したがって,N名の名前に対しては,1巡の処理を0からN−2まで繰り返すことで,全体としてN−1回繰り返せばよいことがわかります(図7-11)。

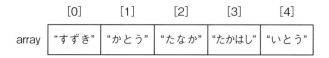

図 7-10 バブルソートでの初期値

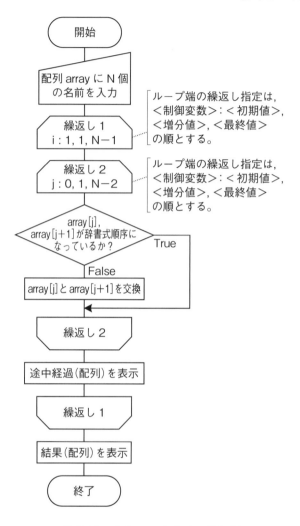

図 7-11　バブルソートのアルゴリズム

7.1.7　最小法による並べ替え

　バブルソートよりも効率のよい並べ替えを考えます。以下の配列を昇順に並べ替えましょう。

	[0]	[1]	[2]	[3]	[4]	[5]	[6]	[7]
array	23	7	187	97	873	28	77	88

　まず，配列の要素の中から最小値を探索し array[1] = 7 であるので，array[0] と交換し，次に，残りの要素から最小値（全体では 2 番目に小さな値）を探索し，array[1] = 23 であるので，array[1] はそのままにします。さらに，残りの要素から最小値を探索し，array[5] = 28 であるので，array[2] と交換します。この処理を続けて，array[6] と array[7] になったら小さい方を array[6]，大きい方を array[7] として終了します。

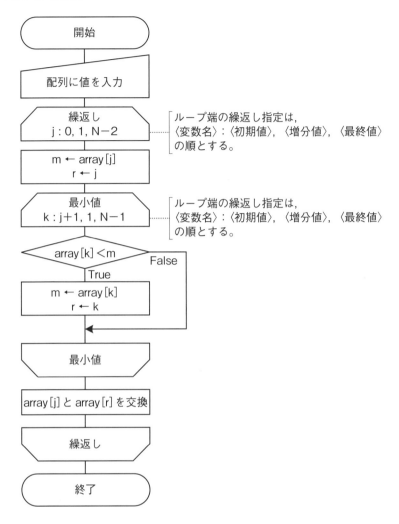

図 7-12　最小法のアルゴリズム

　最小法による並べ替えのアルゴリズムは図 7-12 のようになります。ここで，N は配列の要素の個数とします。

　このアルゴリズムでは最小値を探索したい配列の最も左の要素の添字を j に格納し，最小値がある要素の添字を r に格納します。最小値を探索するときの制御変数を k とします。

　上の例では，最初 j を 0 とし，m を array[0]，k を 1 とします。k が N−1 = 7 まで探索し，最小値が array[1] = 7 であることがわかり，array[0] と array[1] を交換します。

	[0]	[1]	[2]	[3]	[4]	[5]	[6]	[7]
array	7	23	187	97	873	28	77	88

　次に，j = 1 とし，k = 1 + 1 = 2 から N − 1 = 7 まで探索し，最小値が array[1] で
あることがわかり，array[j] と array[r] を交換しますが，j と r が等しいので変化は
ありません。

	[0]	[1]	[2]	[3]	[4]	[5]	[6]	[7]
array	7	23	187	97	873	28	77	88

　j = 2 とし，k = 2 + 1 = 3 から N − 1 = 7 まで探索し，最小値が array[5] であるこ
とがわかり，array[2] と array[5] を交換します。

	[0]	[1]	[2]	[3]	[4]	[5]	[6]	[7]
array	7	23	28	97	873	187	77	88

　j = 3 とし，k = 3 + 1 = 4 から N − 1 = 7 まで探索し，最小値が array[6] であるこ
とがわかり，array[3] と array[6] を交換します。

	[0]	[1]	[2]	[3]	[4]	[5]	[6]	[7]
array	7	23	28	77	873	187	97	88

　j = 4 とし，k = 4 + 1 = 5 から N − 1 = 7 まで探索し，最小値が array[7] であるこ
とがわかり，array[4] と array[7] を交換します。

	[0]	[1]	[2]	[3]	[4]	[5]	[6]	[7]
array	7	23	28	77	88	187	97	873

　j = 5 とし，k = 5 + 1 = 6 から N − 1 = 7 まで探索し，最小値が array[6] であるこ
とがわかり，array[5] と array[6] を交換します。

	[0]	[1]	[2]	[3]	[4]	[5]	[6]	[7]
array	7	23	28	77	88	97	187	873

　j = 6 とし，k = 6 + 1 = 7 から N − 1 = 7 まで探索し，最小値が array[6] であるこ
とがわかり，j と r が等しいのでそのままとします。j = 6 + 1 = 7 と N − 1 が等しくなっ
たので終了します。

7.1.8　バブルソートの改良による並べ替え

　最後に，アルゴリズムの効率化を考えるためにバブルソートの改良を考えます。以下
の配列を昇順に並べ替えましょう。

	[0]	[1]	[2]	[3]	[4]	[5]	[6]	[7]
array	23	7	187	97	873	28	77	88

　バブルソートでは，1巡目，2巡目と処理を行うとき，配列のすべての要素に対して行いましたが，改良してみましょう。1巡目には，最大値が右端になります。

	[0]	[1]	[2]	[3]	[4]	[5]	[6]	[7]
array	7	23	97	187	28	77	88	873

　そのため，2巡目には，［0］から［6］まで処理をすればよいことがわかります。

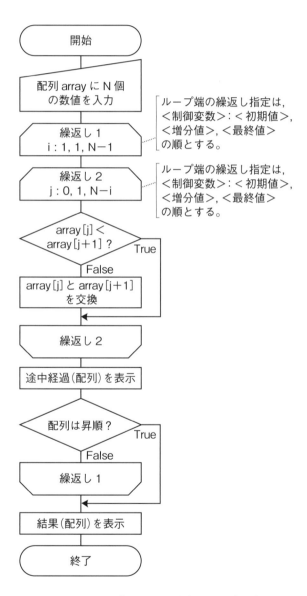

図 7-13　バブルソートの改良のアルゴリズム

	[0]	[1]	[2]	[3]	[4]	[5]	[6]	[7]
array	7	23	97	28	77	88	187	873

3巡目には，［0］から［5］まで処理をすればよいことがわかります。

	[0]	[1]	[2]	[3]	[4]	[5]	[6]	[7]
array	7	23	28	77	88	97	187	873

ここで，すでに昇順になっているので終了します。よって，i巡目には，［0］から［N－i］までの添字の要素に処理をすればよいことがわかります。さらに，各処理で昇順に並べ替えられているかを調べればより早く終了することができます。バブルソートの改良のアルゴリズムは図7-13のようになります。

7.2 データ構造

アルゴリズムを考える場合に，データとしてどのようなものを扱うかは大きな問題となります。データは変数や配列など単純な構造だけでなく，さまざまな構造を考えることができます。これをデータ構造 (data structure) といいます。

データ構造を決めることによってアルゴリズムが決まることがあります。ここでは，代表的なデータ構造を紹介し，それを扱うためのアルゴリズムも説明します。

代表的なデータ構造としては，連想配列，スタック，キューなどがあります。これ以外にも，グラフ構造に基づいたデータ構造があります。

7.2.1 連 想 配 列

配列は添字として整数値（数値）を使います。文字列などさまざまな値をキー（添字）として要素を参照することができる配列を連想配列 (associative array) といいます。連想リスト (associative list)，辞書 (dictionary)，ハッシュ (hash)，マップ (map) などということもあります。また，各要素は同じ種類である必要もありません。

連想配列の参照も，配列と同様に assoc［Name］と記述し，代入も同様に，

$$\text{assoc［Address］} \leftarrow \text{"Tokyo"}$$

と記述します（図7-14）。

	[ID]	[Name]	[Tel]	[Age]	[Address]
assoc	9×1234	"Taro"	"09012312345"	55	"Tokyo"

図 7-14　連想配列

7.2.2 スタックとキュー

スタックとキューは代表的なデータ構造です。実現するときには，配列またはリストをもとに実現するデータ構造です。どちらのデータ構造も格納された要素に直接参照することを前提とせず，入力と出力の手順に注目します。

スタック（stack）は図 7-15 で表すことができます。

図 7-15 の形をした容器に，値を入力する操作をプッシュ（push），容器から値を出力する操作をポップ（pop）といいます。123，876，539 の順で値をプッシュすると，539，876，123 の順でしか値をポップできません。このように値を入出力する方法を，先入れ後出し（LIFO：Last In First Out）といいます。たとえば，洗濯物を別途に山積みにするときに，最後に山積みにした洗濯物からしか取り出せない様子に似ています。

キュー（queue）は図 7-16 で表すことができます。

図 7-16 の形をした容器に，値を入力する操作をエンキュー（enqueue），容器から値を出力する操作をデキュー（dequeue）といいます。123，876，539 の順で値をエンキューすると，同じ 123，876，539 の順でしか，値をデキューできません。このように値を入出力する方法を，先入れ先出し（FIFO：First In First Out）といいます。たとえば，買い物をするときに，行列を作って商品を購入する場合に似ています。

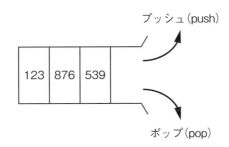

図 7-15 スタック

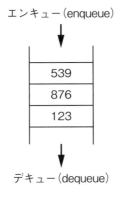

図 7-16 キュー

7.2.3　グ ラ フ

　ここで紹介するデータ構造はグラフを具現化したものです。まず，グラフ理論で扱う
グラフの定義をします。

　グラフは，点（node, 節点，以下，ノードという）の集まりと，点と点の間を結ぶ辺（edge,
以下，エッジという）の集まりで構成される構造です。辺に方向がある（矢印などで示す）
グラフを有向グラフ，方向を考えないグラフを無向グラフといいます。無向グラフは，
辺として点と点のつながりが対等な関係を示したものです（図 7-17）。

　一方，有向グラフのエッジには始点と終点があります（図 7-18）。このような一般的
な構造のものをネットワーク構造（network structure）といいます。ネットワークは日
本語では網（もう）と訳します。たとえば，通信ネットワークのことを通信網といいます。

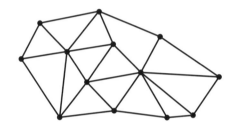

図 7-17　無向グラフ

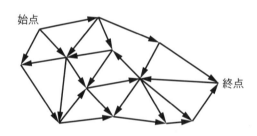

図 7-18　有向グラフ

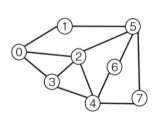

図 7-19　無向グラフの例

	0	1	2	3	4	5	6	7
0	0	1	1	1	0	0	0	0
1	1	0	0	0	0	1	0	0
2	1	0	0	1	1	1	0	0
3	1	0	1	0	1	0	0	0
4	0	0	1	1	0	0	1	1
5	0	1	1	0	0	0	1	1
6	0	0	0	0	1	1	0	0
7	0	0	0	0	1	1	0	0

図 7-20　図 7-19 の無向グラフに対応す
る隣接行列

　無向グラフをデータ構造として表す場合は隣接行列を定義します。各ノードには番号をつけ，ノード間のつながりを 0（つながっていない）と 1（つながっている）で示します。ノードの丸の中の数字はノードの番号を示します。たとえば，図 7-19 の無向グラフに対して隣接行列を定義すると図 7-20 となります。

7.2.4　リスト

　リスト（list）はグラフの一種ですが，配列と同じように，順序がある値の並びを表すデータ構造です。連結リストともいいます。

　リストは，1つ（または複数）の値と参照を保持します。参照が1つのものを単方向リスト（図 7-21），参照が2つのものを双方向リスト（図 7-22）といいます。また，始端ノードや終端ノードをもつリストを線形リスト（図 7-23）といい，ノードが循環しているリストを循環リスト（図 7-24）といいます。

　線形リストは一次元配列と同様にデータを並べて扱うことができます。線形リストは，データの順とデータが格納されている物理的位置（アドレス）の順とが切り離されたデータ構造であり，任意の位置にノードを追加・削除するとき，他のデータの記憶位置を変更する必要がありません。一方，配列は，連続した領域に割り当てられ，データの順が記憶の位置に依存するため，ノードを途中に追加する場合は，追加する位置以降のノー

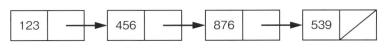

図 7-21　単方向リスト（データ構造）

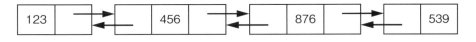

図 7-22　双方向リスト（データ構造）

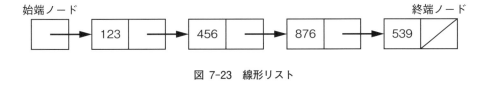

図 7-23　線形リスト

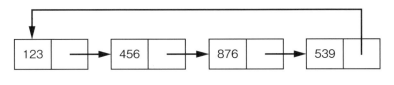

図 7-24　循環リスト

ドを後ろにずらす必要があります。削除についても同様に，削除するノード以降を前に
ずらさなければなりません。特徴に大きな違いがあるため，リストと配列とはデータ構
造としては区別します。

7.2.5 木 構 造

　木構造は，グラフの一種ですが，ネットワーク構造より簡単な構造です（図7-25）。
ここで，用語の定義をします。木構造の「もと」にあたるノードを根ノード（root
node）といい，枝先にあたるノードを葉ノード（leaf node）といいます。根ノードでも
葉ノードでもないノードを内部ノード（internal node, inner node）といいます。

　たとえば，内部ノードの一部を図7-26のように表すことができます。人間の世代を
表した言葉と同様に，より根ノードに近いノードを親ノード，逆に根ノードから遠いノー
ドを子ノードといいます。根ノードの方にたどっていくノードを先祖ノード，子ノード
の方にたどっていくノードを子孫ノードといいます。木構造の各ノードは，0個以上の
子ノードをもちます。葉ノードは，子ノードをもたないノードと定義することもできま
す。

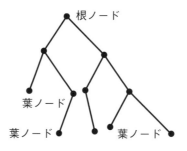

図 7-25　木構造（グラフの一種）

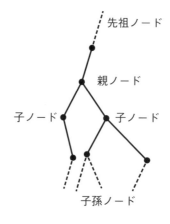

図 7-26　木構造の親子関係

　木構造のあるノード（注目ノード）から葉ノードの方向に向かってたどり葉ノードまでのエッジの数で最大の数を高さといいます。また，あるノードから根ノードの方向に向かってたどり根ノードまでのエッジの数を深さといいます（図7-27）。根ノードの深さは0です。

　データ構造として木構造を扱う場合は，エッジを参照として扱うので有向グラフとし

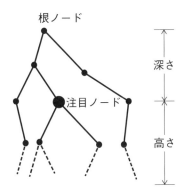

図 7-27　木構造の深さと高さ

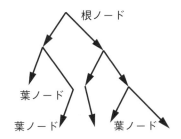

図 7-28　木構造（有向グラフの一種）

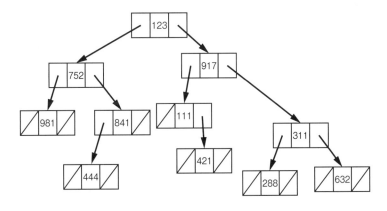

図 7-29　木構造の例

図 7-30　葉ノード

て定義します（図 7-28）。

　図 7-28 の木構造をデータ構造として表すと図 7-29 のようになります。通常，各ノードには値を保持します。葉ノードは図 7-30 のように表します。

7.2.6　順　序　木

　木構造の各ノードが複数の子ノードをもち，それぞれに決められた順序が定まっている木構造を順序木といいます（図 7-31）。

　この順序木の各ノードは図 7-32 の順序が定まっています。図 7-32 のように順序木で同じ値をもつノードを許す場合は，根ノードと同じ値をもつノードは左右どちらか一方に配置します。また，順序木は，生成する際に各子ノードを根とする木のノードの個数をできるだけ同じにし，バランスを保つように工夫することが必要です。

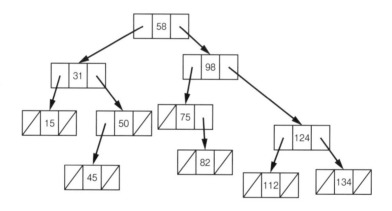

図 7-31　順序木（1）

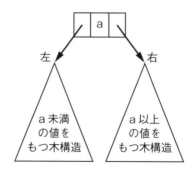

図 7-32　順序木（2）

7 章の練習問題

7-1　制御構造と関係ない用語はどれか。次の中から選びなさい。

　(1)　順次　　　(2)　繰返し　　　(3)　分岐　　　(4)　分割

7-2　グラフにおいて，最も複雑な構造を何というか。次の中から最も適切なものを選びなさい。

　(1)　リスト　　　(2)　ネットワーク構造　　　(3)　連想配列　　　(4)　木構造

7-3　木構造において，「もと」にあたるノードを何というか。次の中から最も適切なものを選びなさい。

　(1)　親　　　(2)　根　　　(3)　子　　　(4)　子孫

7-4　木構造において，枝先にあたるノードを何というか。次の中から最も適切なものを選びなさい。

　(1)　子孫　　　(2)　親　　　(3)　根　　　(4)　葉

7-5　点の集まりと点と点をつなぐ辺の集まりを何というか。次の中から最も適切なものを選びなさい。

　(1)　行列　　　(2)　グラフ　　　(3)　数列　　　(4)　解析

7-6　スタックに関係する用語はどれか。次の中から最も適切なものを選びなさい。

　(1)　エンキュー　　　(2)　接続　　　(3)　LIFO　　　(4)　FIFO

7-7　キューに関係する用語はどれか。次の中から最も適切なものを選びなさい。

　(1)　ポップ　　　(2)　接続　　　(3)　LIFO　　　(4)　FIFO

7-8　並べ替えの方法としてないものはどれか。次の中から選びなさい。

　(1)　最小法　　　(2)　選択法　　　(3)　接続法　　　(4)　バケツ

7-9　点と点を結ぶ辺に方向がないグラフを何というか。次の中から最も適切なものを選びなさい。

　(1)　有向グラフ　　　(2)　ネットワーク　　　(3)　リスト　　　(4)　無向グラフ

7-10　配列と関係ある用語はどれか。次の中から最も適切なものを選びなさい。

　(1)　添字　　　(2)　リスト　　　(3)　数列　　　(4)　参照

$\boldsymbol{8}$ 情報セキュリティと暗号化

　本章では，大学生なら知っておいて欲しい情報セキュリティについて説明します。ここでの目標は，普段使っている個人あるいは共用の情報端末をどう扱うべきか，自分の意見や情報を発信・公開するとき何に注意すべきかを，自分自身で考えられるようになることです。

8.1　インターネットを安全に使うために

　インターネットにつながる機器は多種多様です。その機器の利用者も目的もサービス提供の方法も千差万別で，利用者の中にはよい人もいれば悪い人もいます。また，たとえ悪意がなかったとしても，過失や災害などで機材が故障したり，サービスが突然提供されなくなったり，誤操作などで大切な情報が流出・紛失・欠損してしまうこともあります。情報セキュリティは，基本的には守るべき「情報資産」に関してこのような「脅威（threat）」を分析し，脅威が起こる可能性である「リスク（risk）」を評価することで管理のための対策を講じることになります。しかし，新しい技術やアイデアが次々に生まれてくる将来にわたって，すべての可能性を潰すことはできないので，残念ながらリスクをゼロにすることは不可能です。発生してしまった情報セキュリティ関連の事案を「インシデント」といいますが，このインシデントに対応するための管理体制や手順など技術面だけでなく運用面も含めたものが情報セキュリティ対策となります。便利な情報サービスを安全に使うためには，その時にできる最良の保守と管理を地道に続ける必要があります。

　企業や組織の情報資産や端末は，保守担当の技術者が雇われていたり保険で保障されるような契約を締結していたりするかもしれません。では，私たちが日常的に使っているスマートフォンやパソコンのような情報端末，あるいは個人情報やプライバシーのような情報資産は，誰が脅威から守ってくれていますか？　そもそも，どんな脅威があるのでしょう。情報資産や情報端末は，個人的な持ち物かどうかに関わらず，利用者個人が適切に管理し，守ることが大前提です。素晴らしいセキュリティチームが鉄壁の防御システムを運用していたとしても，1人の内部の人間の「うっかりミス」でその情報システム全体が大きな脅威に晒されることも珍しくありません。つまり，情報セキュリティは「技術」だけで成り立つものではなく，情報やサービスを利用するすべての人に，適切な知識と管理が求められます。以下では，注意すべき点について説明します。

8.1.1 情報セキュリティでの注意点

情報セキュリティとは，「正当な権利をもつ個人や企業，組織が，情報や情報システムを意図通りに制御できること」であり，具体的には情報の「機密性」「完全性」「可用性」を維持することであると ISO/IEC27000[1)], JIS Q 27000 に定義されています。ここでは，まず情報セキュリティの3要素（機密性，完全性，可用性）や他の基本的な概念を整理し，その後，なぜシステムやアプリを適切な状態に保つ必要があるのかを説明します。

情報セキュリティに関する基本的な概念や言葉の意味には以下のようなものがあります。本章では，これらの言葉や概念を使って説明していきます。

▌情報セキュリティの3要素

機密性（Confidentiality），完全性（Integrity），可用性（Availability），この英語の頭文字をとって CIA といわれることもある。

▌機密性

情報システムの利用者が正しい利用者であることを確実にし，許可された者だけが情報にアクセスできるようにすること（情報の秘密が守られること）。

▌完全性

情報および処理方法が，完全・正確であるようにすること（情報が改竄されていないこと）。

▌可用性

利用者が必要な情報や情報資産を適切に利用できるようにすること。

▌情報資産

守るべき資産のこと。たとえば，ハードウェア，ソフトウェア，ネットワーク，データ，ノウハウなど，さまざまな形態の組織体で価値をもち保護すべきものであり，業務情報および安全管理義務のある個人情報も含まれる。業務情報には，たとえば，顧客情報，営業情報，知的財産関連情報，非公開の人事および財務情報，戦略および技術情報などが該当する。

▌脅威

情報資産の機密性，完全性，可用性を脅かす内外の要因。たとえば，不正アクセスやマルウェアのような技術的脅威だけでなく，内部不正やソーシャルエンジニアリングのような人的な脅威，災害や機器の故障，不正侵入による破壊・妨害行為などの物理的な脅威も存在する。

▌リスク

脅威によって情報資産が損なわれる可能性。

▌脆弱性

脅威がつけ込むことができる組織の運用上あるいは技術上の弱点。

---

1) ISO は，国際標準化機構（International Organization for Standardization），IEC は，国際電気標準会議（International Electrotechnical Commision）の略。

　情報セキュリティとは，情報資産を脅威から守り，脆弱性をなくして，機密性，完全性，可用性を維持することです。脆弱性やリスクをまったくない状態にするのは極めて困難ですが，脅威を分析することで具体的な対策とリスク管理ができるようになります。以下は，人的脅威あるいは技術的脅威を説明するときによく用いられる言葉や概念です。

■スキャベジング（scavenging）

　人的脅威のうち，情報漏洩の方法の1つ。たとえば，会社のごみ箱やディスプレイに貼られた付箋，ハードディスクやメモリに残った情報を再構築することも含め，コンピュータ内部やその周辺機器などから残されたままになっている情報を得ることなどがある。

■ソーシャルエンジニアリング

　人的脅威のうち，人の心理的な隙をついて利用者から情報を得る方法。たとえば，取引先や所属組織の管理部門などを装ったメールや電話で情報を聞き出したり，公共の場での電話の盗み聞き，端末の覗き見，ログインしたまま離席している端末から情報収集したりすることなどがある。

■マルウェア

　コンピュータウイルス[2]，ボット，不正アプリなどの悪意をもったプログラムの総称。悪意のある（malicious）ソフトウェアを意味する造語であり，キーロガー，ランサムウェア，スパイウェアも含む。

■セキュリティホール

　技術的なセキュリティ上の不備，弱点。OSだけでなく，ウェブサイトや個々のアプリにも脆弱性が含まれることがあり，この穴が発見された場合はそれを補うための修正コード（パッチ）が「セキュリティアップデート」などで配布される。

■パスワード攻撃

　パスワードを解析あるいは推測，転用して情報システムに不正にアクセスする技術的脅威の1つ。総当たりのブルートフォース攻撃や別のウェブサイトから流出したID/パスワードを利用して標的サイトで試行するパスワードリスト攻撃などがある。

■標的型攻撃（targeted threat）

　不特定多数ではなく，特定の組織や個人を標的とした，既存の複数の攻撃方法を組み合わせた攻撃。このうち，標的が業務で利用しそうなウェブサイトを改竄して待ち構え，標的のアクセスにのみマルウェアに感染させるものは，水飲み場攻撃ともいわれる。

　2）　日本での「コンピュータウイルス」の定義は，経済産業省の"コンピュータウイルス対策基準"によると，「自己伝染機能」「潜伏機能」「発病機能」のうち少なくとも1つを有するもの，とされています。

■ ゼロデイ攻撃

　ソフトウェアの脆弱性が判明したとき，その修正コードが提供される前に，その脆弱性をついて行われる攻撃。

　マルウェアは，利用者や管理者の意図に反して（あるいは気づかぬうちに）コンピュータに入り込み，悪意のある行為を発現させますが，最近は特に発病するまで感染の兆候が見えにくく巧妙に作られるものが増えています。特に，政府や需要インフラおよび公共のサービス機関，あるいは価値の高い知的財産を保有している，オリンピックやW杯（ワールドカップ）のように世界中から注目を集める可能性が高い，などの組織は標的型攻撃の対象となりやすいといえます。マルウェアに感染すると，見えないところで情報漏洩を引き起こす，情報が改竄される，大切なデータや情報資産が破壊される，コンピュータ自体が使えなくなる，という自分自身あるいは自組織への被害だけでなく，他のコンピュータを攻撃する踏み台にされることもあるなど，他組織にも影響や被害を与える可能性があります。

　ゼロデイ攻撃のように脆弱性発見から修正コード配布までの間に晒されてしまう脅威は仕方のない部分もありますが，セキュリティアップデートやソフトウェアアップデートなどの更新情報がベンダから提供されているにも関わらず古いソフトウェアのまま稼働しているコンピュータは，ネットワークにつながっている場合（あるいはつながった瞬間），その脆弱性をついた攻撃に晒され，情報資産の破壊や流出などのリスクが発生する可能性を十分に理解しておく必要があります。スマートフォンは，ほとんど常にネットワークにつながっている状態です。したがって，脆弱性があるのがわかっているのであれば（パッチが配布されているのであれば）適宜更新し，自分の情報と機材を守ると同時にアドレス帳や友達リストにある他人の情報を不用意に流出しないよう気をつける必要があります。

8.1.2 パスワードでの注意点

　情報資産を守るため，機密性保持のために用意されている代表的な機能の1つがIDとパスワードを用いた認証です。情報システムは，すべて誰にでも自由にアクセスを認めているわけではありません。大学のシステムには在籍者（学生と教職員）しかアクセスできないし，GoogleやYahoo! などの検索・ポータルサイトであってもゲストと登録会員とではアクセスできる情報やサービスに違いがあります。このように，情報システムを利用できるユーザを限定し，それぞれに設定された利用権限のことをアカウントといいます。システムによってはユーザIDということもあるため混同されがちですが，アカウントはシステム側からみると，ユーザに利用権限を与えるための口座のようなものです。そのアカウントの利用者を識別し，正当性を確認することを認証といいます。

　利用者認証には，記憶や持ち物などの要素を用います。要素は利用者だけが知っているもの（SYK：Something You Know），利用者だけが持っているもの（SYH：Something

You Have），利用者自身（SYA：Something You Are）の３つに大別されます。SYK は
パスワードや PIN（Personal Identification Number）コード[3]，SYH は IC カードやワ
ンタイムパスワード装置，携帯電話など，SYA は生体認証（バイオメトリクス）といわ
れる指紋や虹彩，顔認証などの情報です。認証に用いる情報で，最も簡便なものが ID
とパスワードです。ID とはその名の通り，個人や品物を識別するための識別子
（IDentification，IDentifier）であり，一般的には一意に割り振られた番号や記号で構成
されています。システム側からみると，この ID を利用してどの利用者がシステムに接
続してきたのかを判別しています。この ID と対になって認証に使われるものの１つが
パスワードです。パスワードの大原則は「パスワードは本人しか知らない」ことです[4]。
もし他の人がパスワードを知っていて，かつ対になっている ID もわかっているとする
と，何の障害もなく第三者になりすますことが可能になってしまいます。パスワード攻
撃などの不正アクセスの痕跡をまったく残すことなくシステムを利用することができ，
その人になりすまして大切なデータを複製したり壊したり，勝手にメールを書いたり，
掲示板に書き込みをしたりすることができるだけでなく，不用意なウェブ閲覧などによ
りマルウェアに感染することでさまざまな被害を引き起こす可能性があります。目の前
にある端末にログインする場合は，生体認証など他の認証情報を用いることも可能です
が，ネットワーク上にある情報サービスを利用する（ログインする）際には，本人を判
断するための材料が極めて限定されます。友人や家族であってもパスワードを共有した
り，他人が推測可能な簡単なパスワードを用いたりするのは安全性を損なう行為になり
ますので，適切に管理するよう気をつけましょう。

　なお，ID とパスワードの組を使う認証（Basic 認証）は簡単ですが安全性は高くない
ため，より高次のセキュリティが必要な場合[5]，SYK，SYH，SYA 要素のうちの複数
の認証要素を組み合わせた「多要素認証」が一般的になってきました。たとえば，ある
サイトに ID とパスワード（SYK）でログインする際，登録している携帯電話（SYH）に
SMS（Short Message System，電話番号を宛先にしてメッセージをやりとりするサー
ビス）で送信される認証コードを入力する，銀行 ATM を利用する際に IC キャッシュ
カード（SYH）と暗証番号（SYK）を使う，などは二要素認証です。

---

3)　PIN コードは端末を利用する際に必要な情報であり，パスワードなどのようにネットワー
ク上を流通することは想定されていません。
4)　通常は，管理者もパスワードはわかりません。システム側に認証情報が送られる際はセキュ
リティの観点から ID とパスワードがそのまま送信されることは少なく，一般的には ID とハッシュ
化された（ひねられた）パスワードが送信され，管理されます。パスワードを忘れても教えてくれ
ないのは，意地悪ではなく「できない」のです。
5)　たとえば，初めて使う端末の場合は ID を入力したら登録された電話に SMS でコードが届き，
それを入力しないと先に進めない，オンラインバンキング利用時に ID とパスワードで認証した後
に振り込みをするならワンタイムパスワード装置を使う必要がある，社員証を使ってゲートを通っ
たが，特定の部屋に入る場合は別途発行されたカードが必要になるなど。

　また，情報セキュリティの正当性には，利用者（ユーザ）だけでなく，通信相手の端末が意図したコンピュータかどうかを検証するサーバ認証・クライアント認証という技術や，メッセージ（情報）が改竄されていないかを検証するメッセージ認証もあります。

8.1.3　ソーシャルエンジニアリングでの注意点

　現実の社会に起こる「詐欺」は，デジタル社会にも存在します。サイバー攻撃のようなデジタルな犯罪行為は犯罪手法もすべて技術的であるわけではなく，コンピュータの先にいる「人間」の心や行動の隙をつくような「ソーシャルエンジニアリング」という手法が効果的に用いられています。常に注意喚起されているのになくならない「オレオレ詐欺」のように手法自体は知られているものが多く，研修や説明会では頻繁に取り上げられているのに，ソーシャルエンジニアリングに起因する情報流出や不正アクセスはなくなりません。

　たとえば，大学生が所属する学部事務を名乗る人から，「今期の履修登録ができていないから，今週末までに以下の URL からログインして登録を完了してください」という趣旨のメールを受け取ったら，URL をクリックしてしまわないでしょうか。社会人が参加したセミナの事務局を名乗る人から，「議事録と次回セミナの案内です」という添付ファイルのついたメールを受け取ったら，添付ファイルを開いてしまわないでしょうか。街中のカフェで開いているパソコンを，歩きながら携帯電話で会話している内容を，昼食休憩でビルから出てくる人がそのまま首にかけている職員証を，悪意のある誰かが見聞きしていないと，誰が保障できるでしょうか。

　組織として情報セキュリティ対策を万全に行っていると思っていても，ソーシャルエンジニアリングの手法で組織内の誰か 1 人でもマルウェアに感染してしまうと，重大な情報漏洩などのインシデントが発生する可能性があります。ソーシャルエンジニアリングでは特別な知識や技術は必要でなく，日常の行動を予想し装っている可能性があります。個人の端末やプライベートな空間はもちろん，会社や大学などの社会の一員として活動する際には十分注意しなければなりません。

8.2　情報セキュリティに関係する技術

　情報セキュリティの機密性を維持するために，暗号技術が一般的に用いられています。利用者が入力したそのままのデータ（メッセージ）のことを「平文」といい，通信したり機密情報を保存・管理したりする場合は第三者に内容を読まれないようにデータをひねることを「暗号化」といいます。ひねってそのままでは読めなくなった（暗号化された）データを，正規の手続きを経てもとのメッセージに戻すことを「復号」といいます[6]。

---

6)　正規の手続きを経ずに，無理やり（不正行為で）もとのメッセージに戻すのが，暗号解読です。

```
53‡‡†305))6*;4826)4‡.)4‡);806*;48†8
¶60))85;1‡(;:‡*8†83(88)5*†;46(;88*96
*?;8)*‡(;485);5*†2:*‡(;4956*2(5*―4)8
¶8*;4069285);)6†8)4‡‡;1(‡9;48081;8:8‡
1;48†85;4)485†528806*81(‡9;48;(88;4
(‡?34;48)4‡;161;:188;‡?;
```

図 8-1 「黄金虫 (The Gold-Bug)」に出てくる暗号 (換字式暗号)

　暗号自体は，シーザー暗号やスキュタレー暗号，狼煙のような形で古代から行われていました。そのほとんどは通信相手と事前に，「3文字前にずらす」，「共通の器具 (棒) を使う」，「特定の文字を読み換える」など，ひねり方を秘密のやりとりとして事前に決定し，それを知らない第三者には内容が容易に解読できないデータを作るという特性を利用しています (図 8-1)。しかし，これでは一度「秘密のやりとり」が他に知られてしまうと暗号が使えなくなってしまうこと，また暗号の信頼性も客観的に評価することが難しいことから，現代社会の情報空間においては，メッセージのひねり方 (演算の種類やアルゴリズム) 自体は公知にしておき，演算に用いる「鍵」といわれる情報のみを秘密に保持する方法が用いられています[7]。

8.2.1　情報セキュリティを維持するための暗号技術

　現在のデジタル空間で用いられている暗号方式には，大きく分けると共通鍵暗号方式と公開鍵暗号方式の2つがあります。

　まず，暗号化に使う「鍵」と復号に使う「鍵」が同じものを共通鍵暗号方式 (または秘密鍵暗号方式，対象鍵暗号方式) です (図 8-2)。暗号化/復号の処理速度も速く，代表的な暗号アルゴリズムとしてはアメリカの旧国家暗号規格を用いた Triple DES (Data Encryption Standard) や AES (Advanced Encryption Standard) が用いられています。しかし，共通鍵暗号方式には，鍵配送問題 (鍵共有問題) という問題が残されていました。これは，共通鍵暗号を開始する前に，あらかじめ通信相手と秘密鍵を (秘密な状態で) 共有しておく必要があるというものです。鍵情報を暗号化せずに送信すると第三者に盗聴される可能性があります。郵便や電話で事前にやりとりするにも，ミスが多発したり多額のコストがかかったりして実用的ではありません[8]。鍵を共有するのが1人ならと

---

　7)「暗号方式は，秘密鍵以外のすべてが公知になったとして，なお安全であるべきである」(Kerchkhoffs' principle)。
　8)　そもそも，事前に秘密鍵を安全に共有できるのであれば，最初からその方法で暗号通信すればよいのです。

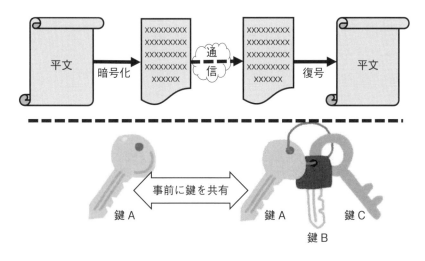

図 8-2 共通鍵暗号方式

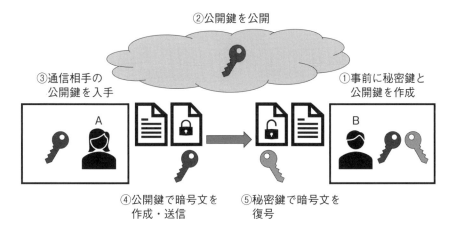

図 8-3 公開鍵暗号方式

もかく，複数の人と共有する場合，加入や離脱があるたびに鍵を換えるというのも実用的ではなく，個別に鍵管理しようものなら通信相手の組み合わせの数だけ鍵情報を管理する必要があります。

　この鍵配送問題を解決し，情報空間に劇的な変化をもたらしたのが，1976 年に考案された公開鍵暗号方式[9] です。この方式は，暗号化と復号で異なる「鍵」を用い，暗号化に用いる鍵は公開可能，つまり秘密でも何でもない情報となっているのが特徴です（図8-3）。暗号化と復号で異なる鍵を用いますが，この 2 つの鍵は対になっており，1 つ目

---

9)　Whitfield Diffie；Martin Hellman. "New directions in cryptography". IEEE Transactions on Information Theory 22（6）：1976.

の鍵（秘密鍵）を生成した後，その秘密鍵から2つ目の鍵（公開鍵）を生成します。秘密鍵は鍵を生成した利用者だけが知る情報として管理しますが，公開鍵はその名の通り公開してもよい鍵で，ウェブに記載してもメーリングリストで流しても問題ありません。代表的なアルゴリズムとしてはRSAや楕円曲線暗号などがあり，秘密鍵から公開鍵は簡単に（1つだけ）作れますが，公開鍵から秘密鍵は作れない[10]，対になっている鍵でのみ復号可能，というのがこの暗号方式の重要な特徴の1つです。

　公開鍵暗号を用いた具体的な暗号化の流れとして，アリスがボブに公開鍵暗号を使って秘密のメッセージを送りたい場合を考えましょう。前提として，ボブが公開鍵暗号に用いる「秘密鍵」と，その対になっている「公開鍵」を用意している（図8-3，①）とします。公開鍵は秘密にする必要はありません（図8-3，②）。アリスは公開されている通信相手（ボブ）の公開鍵を入手し（図8-3，③）。ボブの公開鍵を使って暗号化したいメッセージ（平文）を暗号化して送ります（図8-3，④）。ボブは，受け取った暗号文を，自分の秘密鍵を使って復号します（図8-3，⑤）。もし暗号文がボブではない第三者（たとえばキャロル）に渡ってしまったとしても，この暗号文はボブの秘密鍵でしか復号できません。つまり，ボブが秘密鍵を適切に管理している限り，アリスとボブの間で秘密のメッセージをやりとりすることができる，ということになります。

　しかし，もしかしたらボブになりすましたキャロルが，自分の秘密鍵と対になっている公開鍵を，あたかも「ボブの公開鍵」のように一般に公開していたり，アリスに送ったりする可能性があります。その場合，アリスが（「ボブの公開鍵」だと思っている）キャロルの公開鍵で作成した暗号文は，本来通信しようとしていたボブには復号できず，ボブになりすまそうとしているキャロルに情報が渡ります。こんな“オレオレ公開鍵”のようなものが出回るようでは通信の安全性は成り立たないので，この公開鍵が「本当にボブの公開鍵である」ことを証明できる仕組みとして，公開鍵暗号基盤（PKI：Public Key Infrastructure）が構築されています。PKIでは信頼できる第三者である認証局（CA：Certification Authority）が，確かにこの公開鍵はボブに発行されたものである，ということを証明する仕組みを提供しています。現実社会では，たとえば，マイナンバーカードを発行するときに，本人が自治体の窓口に行って本人確認書類を提示したうえでカードを発行してもらう必要がありますが，これは自治体がCAの役割を果たし，「確かに窓口に来た本人に渡したマイナンバーカードである（このカードを持っている人の本人確認済み）」と保証しているわけです。同様に，PKIでは公開鍵証明書（デジタル証明書，電子証明書，digital certificate）として公開鍵とその所有者を結びつける情報群を扱っており，偽造できないようにデジタル署名（digital signiture）を適宜用いながら連携しています。このように，通信相手の正当性を保証できる情報通信基盤が確立したおかげで，現在のようなデジタルな世界での商取引や契約が可能になりました（図8-4）。

10）　大きな数の素因数分解や楕円曲線上の離散対数問題（EC-DLP），異数が大きな群の離散対数問題など，数学的困難性を利用しています。

図 8-4 公開鍵証明書の例

　しかし，公開鍵暗号方式は，鍵配送問題を解決することはできますが，複雑な演算を
するので処理速度は共通鍵暗号方式に及びません。そこで，現在は多くの情報サービス
でこの２つの暗号方式を組み合わせて使っています。たとえば，クレジットカード情報
やパスワードなど入力するようなサイトで用いられる https で始まるウェブサービス
は，https（HTTPS）プロトコルを使って安全に暗号通信しているのですが，これはウェ
ブクライアントが一体何と通信しているのか（本当に意図したウェブサーバなのか）を
検証する部分，また共通鍵暗号方式を用いて暗号通信するための最初の「鍵」の受け渡
しの部分に，この公開鍵暗号技術が使われています。最初の「鍵」が通信相手と安全に
共有できたので，ここから先の通信内容（この場合はウェブコンテンツ）は共通鍵暗号
方式を使うことができます。
　ここで少し注意が必要なのは，https の通信は，通信相手との間で暗号通信ができる
ことと，その通信相手が認証局（CA）からその公開鍵を含め承認されていることを保証
していることです。つまり，その通信相手が「"倫理的に"正しいサーバ」であること
を保証しているわけではありません。

8.2.2　通信の安全：無線 LAN の安全な利用

　無線 LAN は電波を使ってケーブルがなくてもコンピュータネットワークを形成し，
接続することができるため，建物内でも屋外でも広く一般に利用されています。しかし，
そこには有線ケーブルでつなぐコンピュータネットワークとは違った，無線 LAN 特有
の危険性が存在します。空中に飛び交う無線 LAN の電波は人間の目には見えないので
危険性に気づくのは難しいかもしれませんが，スマートフォンのように自分の情報端末

で簡単に（事前の契約や設定もなく無料で）受信できる電波というのは，意図的にそう設定されている可能性もあります。悪意のある第三者が不特定多数の端末の情報収集する目的で，無料で簡単に接続できる無線 LAN サービスを提供している場合，セキュリティ設定などを怠っている情報端末が発信した情報を傍受・盗聴したり，マルウェアに感染させたりする可能性があります。

　学内や社内など，接続する無線 LAN の管理者や運用形態がわかっている場合は，大抵 WPA（Wi-Fi Protected Access）/WPA2 方式のような暗号化通信設定を用いて，安全に通信することができます。しかし，街中の公衆無線 LAN や店舗・公共の場所で提供されている無線 LAN を利用する場合は，このような事前設定ができないことが多いため自衛が必要です。つながれば何でもよい，ではなく，SSID（Service Set Identification）という無線 LAN を識別するための識別子を見て接続先をできるだけ適切に選択してください。店舗や公共の場所の SSID は公開されているものもありますし，WEP（Wired Equivalent Privacy）キーといったパスワードが提供されていることがあります。WEP は無線 LAN が使われ始めた当初から存在するセキュリティ設定であり，すでに安全な方式とはいえなくなっていますが[11]，VPN（Virtual Private Network）を使ったり，WWW サービスを使う場合は SSL 通信を使う https での通信を確認したりすることで一定の安全性は保てます。暗号通信がまったく提供されていない知らない無線 LAN につながざるを得ない場合は，事前にセキュリティ対策ソフトを導入したうえで盗聴のリスクを考えて必要最小限の通信にとどめ，ファイル共有の設定などはオフにするなどの対策を忘れないようにしましょう。

　一方，自宅でのネットワーク利用のため無線 LAN のアクセスポイントを設置する場合も，無防備な状態にしておくと電波がつかめる自宅近隣で悪意のある第三者に"タダ乗り"接続され，犯罪に悪用される（犯罪の加害者として嫌疑がかけられる）可能性があります。対策としては，WPA/WPA2/WPA3 の設定を行って事前情報を知らない端末から自宅ネットワークに接続できないようにしたり，無線 LAN のアクセスポイントは通常では自身の SSID を定期的に発信して存在を知らせていますが，これを行わず存在を隠す機能（SSID ステルス機能）を使うことで，SSID を知っている端末にしか接続させない設定にしたりする方法があります。

　情報漏洩やマルウェア感染を防ぎ，犯罪に加担する可能性をなくすためにも，多少面倒であってもセキュリティ対策には気をつけておいてください。

8.2.3　デジタル空間で不正が起こる条件
　情報セキュリティ関連で一般的なニュースとして報道されるものは，「不正アクセス」や「サイバー犯罪」に関するものが多い印象があるかもしれません。しかし，実際には注意喚起により相対的には減少傾向にあるとはいえ，組織内部からの漏洩や内部不正に

11）　https://www.soumu.go.jp/main_sosiki/joho_tsusin/security/enduser/security01/07.html

> 機会：不正の実行を可能または容易にする環境
>
> 動機：不正を行おうと決定するときの事情，心理的なきっかけ
>
> 正当化：不正を自ら納得させるための事情，理由づけ

図 8-5　不正のトライアングルの 3 要素

関するインシデント，つまり「人的脅威」もかなり多いのです[12]。

　人的脅威のうち，内部不正に関わる事例研究として「不正のトライアングル[13]」があります（図 8-5）。人間が不正をする理由を考察したうえで，不正が発生する際の要素をモデル化したもので，不正行為は「機会」「動機」「正当化」の 3 つの要素（不正リスク）が揃ったときに発生すると考えられています。

　この 3 つの要素が揃うと不正が発生する可能性が生じる，ということは，情報セキュリティ対策としては「どれか 1 つでも揃わないようにすればよい」という考え方があります。組織として最も取り組みやすいのは，主観的な事情ではなく環境の整備であるため，不正の実行をできるだけ困難にするための環境整備，たとえばアカウントに付与するアクセス権限は必要最小限とし（least privilege の原則，最小特権の原則）業務で必要な権限だけに限定する，情報は知る必要のない人には知らせない（need-to-know の原則），機密情報を扱う部屋に入室できる人を制限する，退職や異動をした人のアカウントは直ちに凍結する，などの対策が該当すると考えられます。

　なお，本章の一部は，内閣サイバーセキュリティセンター（NICT）が制作・公開している「ネットワークビギナーのための情報セキュリティハンドブック」や情報処理推進機構（IPA）の「情報セキュリティ読本」などを参考にしています。情報セキュリティに興味をもった人は，上記書籍や同センターが運営しているウェブサイト「ここからセキュリティ」[14]をぜひ読んでみましょう。

　最後に，情報学の中でも情報セキュリティ分野は特に新陳代謝が早く，古い知識だけに頼ることは自分や自分のまわりの人を危険に晒すことになります。そのため，基本的な用語や概念を正しく習得し，常に新しい情報をチェックしましょう。

---

12) https://www.ipa.go.jp/security/fy27/reports/insider/
13) アメリカの社会学者ドナルド・クレッシー氏が考案した理論です。
14) https://www.ipa.go.jp/security/kokokara/

8章の練習問題

8-1 情報セキュリティの3要素に含まれないものはどれか。次の中から選びなさい。

(1) 可用性　　(2) 機密性　　(3) 再利用性　　(4) 完全性

8-2 情報セキュリティにおいて,「守るべき資産のことで, ハードウェア, ソフトウェア, ネットワーク, データ, ノウハウなど, さまざまな形態の組織体で価値をもち保護すべきものであり, 業務情報および安全管理義務のある個人情報も含まれる」ものはどれか。次の中から最も適切なものを選びなさい。

(1) 脅威　　(2) 脆弱性　　(3) リスク　　(4) 情報資産

8-3 マルウェアでないものはどれか。次の中から選びなさい。

(1) コンピュータウイルス　　(2) ボット　　(3) ワクチン　　(4) ランサムウェア

8-4 ソフトウェアのセキュリティ上の技術的不備を補うための修正コードを何というか。次の中から最も適切なものを選びなさい。

(1) パッチ　　(2) ワクチン　　(3) カンフル　　(4) デコード

8-5 ソフトウェアの脆弱性が判明し修正コードが提供される前に, その脆弱性を利用して行われる攻撃を何というか。次の中から最も適切なものを選びなさい。

(1) 水飲み場攻撃　　(2) トロイの木馬　　(3) 標的型攻撃　　(4) ゼロデイ攻撃

8-6 情報システムを利用できるユーザを限定し, それぞれに設定された利用権限のことを何というか。次の中から最も適切なものを選びなさい。

(1) ロール　　(2) ID　　(3) アカウント　　(4) インシデント

8-7 利用者認証として二要素認証を用いる場合, 利用者識別のための ID の他に何が必要か。次の中から最も適切なものを選びなさい。

(1) パスワードを2つ　　(2) パスワードと IC カード　　(3) 指紋と顔画像
(4) 乱数表と IC カード

8-8 無線 LAN の安全性向上ための技術や設定ではないものはどれか。次の中から選びなさい。

(1) PGP　　(2) SSID ステルス機能　　(3) WPA/WPA2　　(4) WEP

8-9 不正のトライアングル理論に出てこない要素はどれか。次の中から選びなさい。

(1) 機会　　(2) 動機　　(3) 正義　　(4) 正当化

8-10 インターネット上で公開鍵暗号が使えない場合, 共通鍵暗号の鍵共有問題 (鍵配送問題) はどのような手段で解決することができるか。また, それが現状で利活用されていない理由を考えて記述しなさい。

9 IoT と社会

9.1 IoT とは

IoT（Internet of Things）は，日本語では「モノのインターネット」といわれる概念で，身の回りのさまざまなモノをインターネットにつなぎ，情報交換を行うことで私たちの生活に役立てようというものです。身近にある例としては，IoT 家電があげられます。最近では，さまざまな家電製品がインターネットに接続できるようになっており，たとえば外出先からビデオの予約，帰宅時に合わせたお風呂のお湯はり，玄関などの監視カメラの確認などを行えるようになってきています。また，IoT はビッグデータや人工知能などの技術と組み合わせることで，さまざまな応用システムが作られてきています。実用化されていたり，実証実験が行われている IoT の例としては，以下のようなものがあげられます。

- 人工知能による音声認識の機器とインターネットをつなぐことで，音声によりインターネットで買い物や家電の操作を行うことができるシステム
- タクシーの位置情報などをインターネットで集約し，人工知能技術を用いて効率的な配車やタクシーの移動経路の支援を行うシステム
- 監視カメラからの情報をインターネットで集約し，人工知能技術を用いて画像認識を行うことで不審な人物や危険な状況を見分ける防犯システム
- 車に搭載されたさまざまなセンサーから得られる情報や，インターネットを通じて収集した車の周囲の地図や交通状況を用いた車の自動運転システム
- さまざまなセンサーから得られる情報をインターネットで遠隔地にいる医師に送信し，その情報をもとに遠隔地にいる医者が遠隔操作で手術器具を操作する，遠隔手術を行うシステム
- 身に着けるだけで心拍数などの生体情報を計測し，その情報をインターネットに送信することで装着者の健康情報を分析するシステム
- 水道やガスのメータなどの情報をインターネットを通じて集約することで遠隔検診を行うシステム

9.2 IoT の歴史

IoT のような考え方はインターネットが普及するより前の 1980 年代から存在し，当時はスマートデバイス（smart device）といわれるセンサーなどを搭載した機器をコンピュータネットワークでつなぐという構想でした。その中の日本で発足した TRON プロジェクトでは，1987 年に超機能分散システム（HFDS：Highly Functionally Distributed

System）という概念を発表しました。HFDS はコンピュータが内蔵され，ネットワークを通じて相互に接続された「インテリジェント（賢い）オブジェクト」が高度に協調動作するシステムでしたが，当時はインターネットの性能が現在と比較して著しく低かったため[1]，ネットワークとしてインターネットは想定されていませんでした。また，TRON プロジェクトではこの IoT の前身となる概念を「どこでもコンピュータ」という用語で表現しました。

　1990 年頃からこのような考え方がマークワイザーの論文などをきっかけに，ユビキタスコンピューティング（ubiquitous computing）という名称で広まり始めました。ユビキタスとはラテン語の宗教用語で「至る所にある，偏在する」という意味をもちます。これは，一神教であるキリスト教の神は全知全能であり，ありとあらゆるところに偏在して人間を見守っているというような概念を表します[2]。ユビキタスコンピューティングは，そこから転じて身の回りのありとあらゆるものにコンピュータが入り，それらが相互にコンピュータネットワークで接続されるという概念を表します。また，宗教用語のユビキタスにおいて，偏在する神の存在を人間が普段は意識しないのと同様に，ユビキタスコンピューティングでは，身の回りの中に入ったコンピュータは，人間が意識しないような形で生活の中に溶け込んでいくと考えられていました。また，ユビキタスコンピューティングの類語として，パーベイシブ（pervasive，普及する）コンピューティングなど，さまざまな用語が作られました。

　ユビキタスコンピューティングの概念が提唱された当時は，インターネットなどのコンピュータネットワークの性能が低く，現在のようにどこでも無線を使ってネットワークに機器をつなぐことができるような環境ではありませんでした。そこで，モノに周囲の状況を感知するセンサー[3]と，センサーで得られた情報を処理する超小型のコンピュータを埋め込むことでモノそのものを賢く（インテリジェント化）し，近くに存在するモノ同士の間でやりとりを行う方式が考えられていました。しかし，この方式の場合，インテリジェント化したいモノが多くなると，モノに埋め込むコンピュータのコスト（費用）が膨大になってしまうことや，高度な処理を行おうとした場合にコンピュータが消費する電力が大きくなるなどの欠点があります。現在ではインターネットの技術が普及し，どこでも無線通信を使ってインターネットに接続でき，高速な通信が行えるようになってきたため，IoT ではモノにはセンサーと計算能力があまり高くない低価格で消費電力の低いコンピュータを埋め込み，センサーで得られた情報をインターネットを通じてどこかのコンピュータに収集し，そこで処理を行うクラウドコンピューティングの方式が一般的になってきています。

　　1）　1990 年代のインターネットの速度は数十 kbps 程度の場合が多く，100 Mbps 以上が標準的である現在と比較して速度の面での性能は数万分の一にすぎませんでした。
　　2）　ありとあらゆるものにさまざまな神が宿るという日本の宗教観と似ているように見えるかもしれませんが，全知全能な唯一神であるという点が大きく異なっています。
　　3）　たとえば，温度センサー，湿度センサー，集音センサーなど。

IoT 以前は人がインターネットとつながるという形が一般的でしたが，IoT ではありとあらゆるモノがインターネットにつながることによって新たな価値が生み出されるようになります。また，人やモノだけでなく，データなども含めた「ありとあらゆる」ということを強調する意味で，IoE (Internet of Everything) という用語も新しく使われ始めています。

9.3 IoT を支える技術

IoT はさまざまな技術の組み合わせによって実現しています。ここでは，IoT を支えるさまざまな技術について紹介します。

9.3.1 無線通信技術（無線 LAN，Bluetooth，LPWA など）

IoT ではモノをインターネットにつなげる必要がありますが，有線通信はモノを自由に移動させることが困難であったり，大量のモノを有線通信でつなげると配線がごちゃごちゃしてしまう[4]という問題が発生します。そこで，IoT の多くはモノとインターネットを無線通信でつなげます。無線通信にはさまざまな種類があり，それぞれ「通信の信頼性[5]」，「通信の速度」，「通信が届く距離」，「消費電力」，「通信にかかるコスト」などの性質が異なります。IoT で使われる無線通信はその用途と性質によって適切なものを選ぶ必要があります。たとえば，自動運転に使われるような無線通信には高い通信の信頼性と非常に速い通信速度が求められますが，自動車に大容量のバッテリー（電源）を積むことが可能なため消費電力の高さはあまり問題にはなりません。一方，山奥に設置されたセンサーからの情報を数日おきに収集するような場合に使われる無線通信には，通信の信頼性や通信の速度が重要でない[6]代わりに，通信が届く距離や，頻繁にバッテリーを取り換えることが困難なため消費電力の低さが重要になります。

次に，IoT で使われるさまざまな無線通信技術について紹介します。

通信事業者の基地局経由でスマートフォンなどをインターネットに接続するために使われている 3G/4G/LTE[7] は，通信速度が最大数百 Mbps と高速で，通信距離が数百 m〜数 km と比較的長距離の通信を行うことができる，通信の信頼性が高いなどの利点があります。一方で，消費電力が高い，通信にかかるコストが月額数千円以上かかるなど高額であるという問題があるため，大量のセンサーをつなげるなどの用途には向いていません。また，日本ではこれらの通信設備のインフラが整っており，ほとんどの場所か

---

4) 無線の技術が発達していなかった頃は，機器に繋いだ大量の配線が絡み合うことが多く，スパゲッティの麺が絡み合う状況に似ていることから，その悩ましい状況のことをスパゲッティな配線といいました。

5) 情報が正しく届くことや，通信が頻繁に途切れたりしないことなど。

6) 通信が失敗した場合は，成功するまで何度でも通信をやり直せばよい。

7) G は世代 (generation) の略です。

らインターネットと直接通信できる，電車や車などで移動しながら通信しても通信が途切れることがないなどの利点があり，先ほど例をあげた自動運転のような場合に適しています。最近では，IoT 向けの月額数百円程度の比較的安価な通信サービスを提供する通信会社も登場してきており，2020 年以降に本格的に商用化が予定されている最大数 Gbps もの高速な無線通信を行うことができる 5G が登場する見込みです[8]。

　パソコンやスマートフォンなどを無線 LAN のアクセスポイント経由でインターネットに接続する無線 LAN[9] は，通信速度（最大数百 M～数 Gbps）に優れていますが，通信が届く距離は数百 m とそれほど長くはなく，接続料金も決して安くはありません。また，家庭で使われている無線 LAN のうち一部の周波数は後述の Bluetooth で使っている周波数や，電子レンジの使用の際に発生する電磁波の周波数と同じであるため，電子レンジの使用の際や，マンションなどの狭い範囲で多くの人が無線 LAN などの無線通信を使用した場合などで速度が遅くなったりつながりにくくなったりするなど，通信の品質はあまり高くありません。一方で，家庭や企業，公共の場などで無線 LAN のアクセスポイントが数多く設置されていることから，導入のしやすさという点で大きなメリットがあります。また，通信速度を落とすことで通信距離を数 km まで伸ばすような無線 LAN の規格も登場しています。

　Bluetooth は短距離の無線通信規格で，おもにパソコンとマウスやキーボードなどの周辺機器などを無線で結ぶ用途として使われてきました。Bluetooth の通信速度は最大数 Mbps と無線 LAN よりも遅く，通信距離も数 m～数十 m と短い反面，消費電力は低くなっています。2009 年に公開された BLE（Bluetooth Low Energy）は，従来よりも通信速度が遅くなる代わりに消費電力を約 1/10 に抑えることで，それまでボタン型電池で数か月だった電池の寿命が数年間に伸び，大量のセンサーにつける IoT 機器に適した性質をもつようになりました。また，Bluetooth は，従来は一旦パソコンやスマートフォンを経由しなければインターネットと接続できませんでしたが，2014 年に公開された Bluetooth 4.2 では Bluetooth IPv6 対応のルーターと通信できるようになり，直接インターネットと通信できるようになりました。このように，Bluetooth は通信速度や通信距離は短くてもよいが，消費電力を抑える必要がある IoT 機器に適しています。

　従来の無線通信は，通信速度や通信品質の向上を目指して発展してきましたが，山奥などに設置したセンサーで収集したデータを数日に一度，無線通信で送るような IoT の事例においては，通信速度も通信の信頼性も重要ではなく，通信距離，消費電力，通信コストが重要となります。特に人里離れた場所に設置したセンサーの場合，頻繁にメンテナンスを行うことが困難なため，電池の交換が頻繁に必要となるようなシステムは適していません。そこで，2016 年頃から，LPWA（Low Power Wide Area）という分

　8）　5G はまだはっきりと規格が定まっていない部分もあり，実際に広く普及するのは 2020 年よりも少し先になることが予想されています。
　9）　Wi-Fi（ワイファイ）は無線 LAN の規格の 1 つです。世の中に普及している無線 LAN の多くが Wi-Fi なので，無線 LAN のことを Wi-Fi ということが多いようです。

類の無線通信規格が登場し始めました。LPWA は通信速度が数百〜数十 kbps と非常に遅い反面，通信距離は数十 km 以上，電池で数年以上稼働するほどの低消費電力が特徴となっています。

9.3.2 RFID

　無線通信技術はいずれも IoT 機器側に電池などの電源が必要となります。しかし，電池の交換は手間とコストが必要となる作業で，大量のセンサーを使うようなシステムでは電池の交換をどのようにして行うかが非常に大きな問題となります。定期的にセンサーで収集した情報を発信するような IoT 機器は，自ら能動的に情報を無線通信で発信しますが，普段は何も動作を行わず，必要な時に人などが近づいて機器に対して情報を要求した時だけ無線通信を行うという，受動的な無線通信を行うという形態も考えられます。そのような形態に適しているのが RFID（Radio Frequency IDentifier）です。RFID は数 cm 〜数 m の近距離の無線通信によって，内部に格納している ID 情報を通信するという形の技術のことをさし，RFID を使って ID を通信できる機器のことを RFID タグといいます。RFID タグには，内部に電源をもつアクティブタグ，内部に電源をもたないパッシブタグ，その両方の性質をもつセミアクティブタグがありますが，ここでは電源を必要としないパッシブタグの RFID について紹介します。パッシブタグの RFID は，アンテナで受信した外部から照射された電波を用いて電磁誘導などの方式で発電を行い，その電力を使って内部の ID 情報を無線通信で送り返すため，内部に電源を必要としません。発電できる電力は微弱なため，通信距離は長くても数 m 程度ですが，電源が必要ないという点は非常に大きな利点です。最近では技術が進んだことにより，RFID を米粒よりも小さな IC チップで実現できるようになっています[10]。この RFID の技術は Suica などの非接触の IC カードにおいても使われていて，電子マネーなど，単に ID を通信するだけにとどまらないものも RFID という場合が多いです。

　比較的小さなモノに ID などの情報を格納し，読み取り装置を使ってその中身を読み込むことができるという，RFID タグに似た性質をもつモノとしてバーコードがありますが，その性質は大きく異なります。表 9-1 からわかるように，ほとんどの性質は RFID の方が優れており，この中で，近づけるだけで同時に複数の RFID タグの情報を読み込めるという性質は，身近な例ではレジの清算の高速化などにつながります。一方，コストの面ではバーコードに大きく劣っており，現在では 1 つ 10 円以上するものが多く，IoT で想定される低価格の大量のモノに RFID タグをつけるにはもっとコストを抑え，1 円以下にする必要があるといわれています。また，表にはあげていませんが，電波を通しにくい水分や金属に弱い，タグを廃棄する際に何らかの処置[11]を行わないと，タ

---

10) ただし，電波を受信するアンテナはそこまで小型化はしていません。
11) タグが保持する ID の情報を更新してその ID が破棄されたことにする，タグそのものを破壊して使えないようにするなど。

表 9-1　バーコードと **RFID** の比較

	バーコード	RFID
視認性	見えている必要がある	見えている必要はない
距離	短い（数 cm ～数十 cm）	長い（数 m ～数十 m）
同時性	同時に 1 つしか読み取れない	同時に複数読み取れる[12]
データの量	少ない	多い
書き込み	不可能	可能
汚れ	弱い	強い
値段	安い	高い

グのリーダー（reader，読み取り装置）を近づけた際に誤って廃棄したタグの情報まで読み込まれてしまう可能性があるなどの欠点があります。

9.3.3　IPv6

　IoT ではさまざまなモノをインターネットにつなぎますが，その数は年々爆発的に増加していくことが予想されており，2020 年度内には 500 億台以上のモノがインターネットに接続されることが予想されています。従来インターネットの住所として使用されてきた IPv4[13] は 32 桁の 2 進数（32 ビット）で住所を表すため，2^{32}＝約 40 億種類の住所しか扱うことができません。IPv4 では 1 つの IP アドレスを複数の機器につなげる[14] という工夫で住所の枯渇問題を何とかしのいできましたが，IoT を本格的に普及させるためには，IPv4 では到底まかなえません。そこで，128 桁の 2 進数で住所を表す，IPv6 という新しいインターネットの住所の仕様が策定され，徐々に普及し始めています。IPv6 は 2^{128}＝340 潤（潤 = 10^{36}）という途方もない数の住所を区別でき，これを使えば地球上に存在する砂粒 1 つ 1 つに対しても住所をつけることが可能なため，IoT においても住所の枯渇問題を解決することができます。

　IPv4 の住所の枯渇問題は，実はユビキタスや IoT がもてはやされるようになる前から危惧されており，IPv6 の仕様そのものは 1998 年に作られたものです。しかし，当初は前述した工夫により住所の枯渇問題が深刻でなくなった点と，IPv4 から IPv6 に移行するためには設備の投資などの問題があるため，しばらくはなかなか IPv6 は普及しませんでした。現在では，IoT の普及によってインターネットに接続する機器が爆発的に増えてきたため，IPv6 の普及が加速してきています。Windows や Linux などの OS，プロバイダ，インターネット上のサービスサイトの多くはすでに IPv6 に対応済ですが，世界全体でみると地域にもよりますが，まだまだ IPv6 の普及率は高いとはいえないの

　12）　RFID の種類によっては同時に複数読み取れないものもあります。

　13）　v は version の略です。なお，IPv5 の仕様は存在しますが，実験的なもので一般には使われていません。

　14）　1 つのマンションの建物の住所に対して，部屋番号をつけることで中の複数の部屋を区別するという方法に似ています。

が現状です。IPv6 の普及率は今後増加していくことが予想されますが，しばらくの間は IPv4 と IPv6 が混在して使われる状況が続いていくと思われます。

9.3.4 ユビキタス ID

IPv6 は IPv4 における DHCP と同様に，インターネットに接続した機器に動的に IP アドレスを割り当てる仕組みがあり，IoT でインターネットに接続されたモノに割り当てられた IPv6 のアドレスが変化する可能性があるため，IPv6 のアドレスを使ってモノを識別することが常にできるとは限りません。また，IPv6 のアドレスを動的に割り当てる際に，唯一性が保証されている機器の MAC アドレスを利用するという方法もありますが，IoT ではありとあらゆるモノをインターネットに接続することが想定されているため，接続するモノに必ずしも MAC アドレスがついているとは限りません。そのため，IoT に接続されたモノを識別するための ID が別途必要になります。

IoT でモノを識別するための ID にはさまざまな仕様が考案されていますが，本書ではその中の 1 つで，日本で開発された ucode[15] を紹介します。ucode は IPv6 と同様の 128 ビットの 2 進数の ID で，ユビキタス ID センターによって管理されており，モノの位置や情報などを識別するために使用されます。ucode の特徴として，同じコードは 2 つとなく，すべてのモノに異なる ID が割り振られることが保証されています。ucode それ自体には意味はなく，インターネット上の ucode のデータベース上に，ucode の意味を登録し，リアルタイムに更新していくという使い方が考えられています。また，ucode は 2012 年に ITU（国際電気通信連合）において，国際標準規格に採用されたことによって，全世界共通として使用できるようになっています。IoT における ucode などのユビキタス ID の事例を 9.4 節で紹介します。

9.3.5 クラウドコンピューティングとビッグデータ

IoT の普及により，世界中の IoT 機器からインターネット経由で大量の情報（ビッグデータ）が得られるようになります。このようなビッグデータを解析し，有効に活用することが IoT の応用例の 1 つとして考えられます。一方で，インターネットに IoT 機器を接続して管理し，適切に情報収集を行うシステムを一から構築するのはある程度の技術力とコストが必要となります。そこで，近年では Amazon，Google，Microsoft などの企業が，IoT 向けのクラウドサービスを提供するようになってきています。

IoT 向けのクラウドサービスでは，クラウドに接続した IoT 機器が正規の機器であるかどうかの確認，IoT 機器から収集した情報のデータベースへの登録，データベースに登録された情報の分析などのサービスを提供します。また，個人でこのようなサービスを構築しようとした場合には，IoT 機器から収集した情報をインターネットで送る際に暗号化してから送るなど，セキュリティに対して気をつかう必要がありますが，個人で

---

15) http://www.uid4u.com/info/uid.html

セキュリティにしっかりと対応したシステムを作ることは非常に困難です。一方，IoT向けのクラウドサービスではそのようなセキュリティも考慮したサービスを提供しているので，セキュリティのリスクを減らすことにもつながります。このようなサービスは使用料金がかかりますが，自分でサービスを構築したり，管理したりするためにかかる時間やコストと比べると安くつくことが多いので，個人だけでなく，企業でもクラウドの IoT 向けサービスの利用が増加しています。

9.3.6　IoT とセキュリティ

　IoT に限ったことではありませんが，新しい技術にセキュリティのリスクはつきものです。また，一般的に利便性が増すとセキュリティリスクが高まるという性質があります。IoT はインターネットにモノをつないで情報のやりとりを行うため，セキュリティをしっかりとしておかないと情報の流出につながってしまいます。

　具体的な例として，監視カメラをインターネットに接続し，外から監視カメラを確認するシステムが，外部から不正にアクセスされたという事例が実際にニュースになったことがあります。不正にアクセスされた原因の 1 つは，監視カメラにアクセスするための ID とパスワードを初期設定のまま使っていたというものでした。また，ある調査によるとパスワードに「123456」や「password」のような安易なパスワードをつけている人が多く，そのようなパスワードを設定すると容易に破られてしまう可能性が高くなります。IoT 家電のセキュリティが破られた場合に起きた実際の被害の例として，インターネットにつないだ玄関の監視カメラがハッキングされ，家の人が外から監視カメラにアクセスしたときに常に玄関の扉が閉まっている画像に差し替えられたものを見せられてしまうという報道がありました。また，カメラがついている IoT 家電がリビングなどにあった場合に知らないうちに誰かに私生活の様子がすべて見られてしまう，お風呂に入っているときに勝手に湯沸かし器を遠隔操作されお湯の温度が急上昇してしまうなど，場合によっては命の危険につながるようなリスクも発生する可能性があります。また，IoT 家電の中にはパスワードなどのセキュリティの設定ができるように見えるにもかかわらず，実際には何のセキュリティの設定も行われないものが存在します。特に外国製の安価な IoT 家電には何かが仕掛けられている可能性があるので気をつけた方がよいでしょう。

　先ほど紹介した RFID にもセキュリティのリスクは潜んでいます。たとえば，Suicaなどの交通系の IC カードには RFID の技術が使われていますが，FeliCa[16] のリーダーの機械を近づけるだけで，パスワードなどの認証なしで，中に記録されている残額や履歴情報などが読み取られてしまいます[17]。モノの ID が記録されている RFID は，RFID

---

16)　Suica などで使われている無線通信技術の 1 つです。
17)　FeliCa のリーダーでは，中に記録されている電子マネーが勝手に使われるということはありません。電子マネーとして使える IC カードでは，電子マネーに関する厳重なセキュリティの仕組みが使われており，お金の偽造ができないようになっています。

リーダーを使えば中の ID を誰でも取得できてしまいますが，その ID から得られる情報は，人や状況によって区別できるようにする必要があります[18]。たとえば，会社の書類や備品に RFID タグをつけて管理する場合，その会社の人はその ID から情報を得ることはできますが，社外の人には得られないようにする必要があります。また，同じ会社の人でも，あるプロジェクトのメンバだけが情報にアクセスできるような，きめ細かいアクセス制御の仕組みが必要となる場合もあるでしょう。他にも，店の商品に RFID タグをつけて商品の情報の管理を行う場合，商品の購入後に RFID タグを商品から取り外すか，RFID タグの中の ID を削除するなどの方法で無効化するという作業を行わないと，その商品の購入者が商品をカバンの中に入れて持ち歩いている際に，誰かが RFID リーダーをカバンに近づけることで，中に何が入っているかを知ることができるかもしれません。

　IoT で使われる新しい技術に対してもセキュリティのリスクは潜んでいます。たとえば，IPv4 では NAT（Network Address Translation）という仕組みによってインターネットと家庭内のインターネットにつながったパソコンなどの機器が分離されていたため，インターネット上から家庭内の機器に直接アクセスすることはできませんでしたが，IPv6 では直接つなげることができるため，ファイアウォールなどによって対策を行わないと，セキュリティリスクが高まります。

　IoT の普及によって起きる可能性の高いセキュリティリスクの 1 つに DDoS 攻撃（Distributed Denial of Service attack）があります。DoS 攻撃はサーバに対してサーバの処理能力を超えるような大量の通信を行い，サーバの機能を麻痺させる攻撃のことで，DDoS 攻撃は攻撃を 1 か所からではなく，あちこちから分配（distribute）して行う DoS 攻撃のことです。IoT ではインターネットに大量の機器を接続するため，それらの機器のセキュリティが弱い場合，大量の機器が犯罪者によって乗っ取られてしまうことで，従来よりもさらに DDoS 攻撃が容易に行えるようになることが懸念されています。他にも IoT によるコンピュータウイルスの感染など，さまざまなセキュリティリスクが懸念されており，IoT を利用する際にはセキュリティに対する意識の高さが非常に重要となります。

9.4　IoT の実証実験と実例

　IoT に限らず，新しい技術を世の中に送り出す前に，さまざまな問題点を洗い出すための実証実験を行う必要があります。ここでは，これまでに行われてきた IoT に関する実証実験や，実際に利用されている例をいくつか紹介します。

---

18)　このような情報の制御のことをアクセス制御といいます。

9.4.1　食品トレーサビリティ実証実験

　近年，食品の偽装問題がたびたび生じたため，大きな社会問題になっており，食の安全性に対する意識が高まってきています。そこで，食品の生産段階から流通，販売の各段階の経過を記録し，その情報を食品情報として消費者に提示し，食品事故などが発生した場合にも，速やかに原因特定と被害範囲の確定ができるようにするための，食品トレーサビリティ実証実験[19] が 2003 年頃に行われました[20]。

　具体的な仕組みとしては，たとえば農作物の場合は，種を植える段階から種に ucode によるユビキタス ID を付与し，農作物の育成，収穫，流通，販売まで，生産開始から消費者の手に渡るまでの間の情報を逐一インターネット上のデータベースに登録し，確認できるようにするというものです。店頭で販売される農作物には RFID タグがつけられていて，それをユビキタスコミュニケータという読み取り装置で読み取ることにより，その農作物の情報を消費者が受け取ることができます。なお，現在，店で売られている商品につけられているバーコードを使って食品のトレーサビリティを実現できるように思えるかもしれませんが，日本で使われている JAN コードというバーコードに記録されている情報は，商品の会社名と商品名を表す情報しか記録されていないため，個々の商品を区別することはできません。そのため，たとえば，ある工場で生産された食品に何らかの問題が発生した場合，バーコードの情報にはその商品を生産した工場の情報が記録されていないため，同じ銘柄のすべての商品を店頭から撤去するという，大量の無駄な商品の廃棄を行う必要が生じます。一方，ユビキタス ID の場合は，個々の商品を区別できるため，問題のある工場から出荷された商品のみを撤去するということが実現できます。

9.4.2　自律移動支援プロジェクト

　身体的状況，年齢，言語などを問わず，「いつでも，どこでも，誰でも」移動などに関する情報を入手することを可能にする「自律移動支援プロジェクト」[21] が，国土交通省によって 2009 年に実施されました。

　自律移動支援プロジェクトでは，車いすが通れる道，点字ブロックがある道など，身体的特徴に合わせたナビゲーションを行ったり，雨の日は雨に濡れにくい道を案内するなど，周囲の状況に合わせたナビゲーションを行う実証実験が行われました。歩行者の位置を特定するためのインフラとして，GPS（Global Positioning System）が普及していますが，GPS は人工衛星と電波で通信を行う必要があるため，電波の届かない地下や高層ビルが乱立する地域では使えなかったり，精度が悪くなるという欠点があります。

---

19)　近年では同様の目的で，別の団体がブロックチェーンの技術を使った食品トレーサビリティ実証実験も行われています。

20)　https://lnews.jp/backnumber/2003/07/9596.html

21)　http://www.mlit.go.jp/sogoseisaku/soukou/seisakutokatsu_soukou_tk_000010.html
　　　https://www.jstage.jst.go.jp/article/ieiej/28/5/28_320/_pdf/-char/en

そこで，自律移動支援プロジェクトでは，GPS に代わる位置特定インフラとして，案内板や視覚障碍者誘導用のブロックなどにユビキタス ID の入った IC タグを埋め込むという手法についての実験を行いました。ID の取得方法としては，案内板などに携帯端末を近づけて ID を取得する方法と，IC タグの通信可能範囲に入ると自動的に携帯端末に ID の情報が送られてくるという方法が実験されました。また，身体的状況を問わない例として，視覚障碍者が歩行の際に使用する白杖の先に通信機器を埋め込み，IC タグが埋め込まれた視覚障碍者誘導用のブロックに白杖を近づけると道案内をしてくれるようなシステムの実証実験も行われました。

9.4.3 ユビキタス ID を使った他の事例

ユビキタス ID の入った IC タグを場所に埋め込むことによる情報支援システムとしては，2006 年から 2016 年まで上野動物園で貸し出されていた，動物の展示施設の近くで使用すると動物に関する詳しい解説や写真，動画などが再生される携帯情報端末がありました[22]。また，2007 年に銀座で実施された「東京ユビキタス計画・銀座」において，銀座のコンクリートブロック，街灯，道路標識などに数千個の IC タグを埋め込み[23]，携帯情報端末で読み取ることでさまざまな情報を取得しながら街を散策したり，スマートフォンでタグを読み取ることで避難所に誘導するという実証実験が行われました。

他にもユビキタス ID は以下のような目的で実際に使用されています。

- 血液製剤は，誰の血液であるか，どこで採取されたか，どうやって運ばれたかなどの情報を正確に記録することが法律で義務づけられており，その管理にユビキタス ID が使われています。
- 住宅用火災報知器をいつ，誰が，どこに取り付け，いつ点検したかなどについてのトレーサビリティ管理にユビキタス ID が使われています。
- 一部の会社では，大型旅客機内の約 500 万個の部品にユビキタス ID の入った電子タグをつけ，旅客機が全世界のどこにあっても部品の詳細がわかり，メンテナンスが効率よく行えるシステムが使われています。
- 東京都では街路樹や遊具などに RFID をつけて，メンテナンスの管理を行っています。将来的には橋やトンネルなどあらゆる公物を管理することが検討されています。

9.4.4 自動運転

近年の無線技術の発達より，最も期待されている IoT 技術の 1 つに自動運転があげられます。自動運転を行うためには，車の周囲の状況を的確に取得することが重要で，自動運転の車には大量のセンサーが取り付けられます。また，車の周囲の状況だけでな

---

22) 現在では貸し出しサービスは終了しています。
23) 現在でも ucode と表示されたラベルがついた街灯が銀座に残っています。

く，周辺地域の状況などの情報も必要なため，車とインターネットをつないで高速な情報のやりとりをする必要があります。自動運転のようなリアルタイム性が必要な技術では，通信の高速化が非常に重要となります。たとえば，時速 100km で走行する自動車は，4G の無線通信で生じる約 50 ミリ秒の遅延の間に約 1.4m も移動してしまうため，自動運転の自動車の制御の信号をインターネットから 4G の通信で行うには，この遅延は遅すぎるといわれています。一方，新しい 5G の無線通信で生じる遅延は約 1 ミリ秒程度になるといわれており，リアルタイム性が重要な IoT の応用例において大きな期待が寄せられています。

　自動運転にはいくつかのレベルがあり，まったく運転手が関与しなくてもよいレベル 5 の完全自動運転はまだ実用化には至っていませんが，特定の条件下におけるレベル 4 の完全自動運転については世界の一部の地域ではすでに実用化されているところもあり，日本でもレベル 4 の自動運転のデモンストレーションを行ったところもあります。一方で，どんなに完璧な自動運転システムを作ったとしても，事故を 100%防ぐことは不可能だといわれています。実際に自動運転の実験中に死亡事故が起きたこともあり，完全自動運転中に事故が起きた場合に誰が責任を負うのかという問題に対する世界共通の答えはまだ存在しませんし，唯一の正解は存在しないと思われます。このような問題に対してどのような答えを出すかは，それぞれの国の中で議論を深めていくことで決めていくことになるでしょう。

9.5　IoT が社会に与える影響

　IoT は本章で紹介した以外にもさまざまな事例があり，今後さらに急速に発展し，社会に浸透していくことが予想されています。これまでに説明してきたように，IoT は多くの点で，私たちの生活を豊かにしてくれる力をもっていますが，一方でセキュリティのリスクなど，負の側面もあります。また，身の回りのありとあらゆるモノにセンサーなどが取り付けられるということは，IoT を使って 24 時間，ありとあらゆる所で人を監視することができる可能性があるということを意味します。現在でもすでに，SNSへの投稿や，ネットショッピングなど，インターネット上に残した行動の履歴から，かなりの精度で個人情報を特定することが可能になっているといわれていますが，IoT の普及によりさらにその精度が高まることは間違いないでしょう。実際に，政府の力が強い中国では，国民の日々の行動をさまざまな基準で点数化する「信用度スコア」というシステムの構築が政府の主導で進められています。信用度スコアが高ければローンの金利が下がるなどのメリットが得られる反面，信用度スコアが低いと公共交通機関の利用が制限されるなどの罰則が科されており，SF の世界で語られているような監視社会が実現していくのではないかと危惧する人もいます。

　どんなに素晴らしい技術であっても，それを運用するのが人である以上，使い方によって毒にも薬にもなってしまうのが現実です。そのため，今後 IoT をどのように運用し

ていくかを人任せにするのではなく，私たち自身も議論していくことが重要となります。また，今後社会に大きな影響を与えていく情報技術は IoT だけではありません。普段から IoT に限らず，さまざまな情報技術について注目し，勉強し続けていくという姿勢がますます重要となっていくでしょう。

9 章の練習問題

9-1 IoT と同様の意味をもつ用語はどれか。次の中から適切なものをすべて選びなさい。

(1) ユビキタスコンピューティング　　(2) クラウドコンピューティング

(3) ビッグデータ　　(4) パーベイシブコンピューティング

9-2 IoT のような概念がはじめて登場したのはいつ頃か。次の中から最も適切なものを選びなさい。

(1) 1970 年代　　(2) 1980 年代　　(3) 1990 年代　　(4) 2000 年代

9-3 自動運転に使われるような無線通信において特に重要なものはどれか。次の中から適切なものをすべて選びなさい。

(1) 通信の信頼性　　(2) 通信の速度　　(3) 消費電力の低さ　　(4) 通信にかかるコスト

9-4 無線通信技術のうち消費電力が最も低いものはどれか。次の中から最も適切なものを選びなさい。

(1) 3G/4G/LTE　　(2) 無線 LAN　　(3) Bluetooth　　(4) LPWA

9-5 RFID の特徴はどれか。次の中から適切なものをすべて選びなさい。

(1) 視認性が必要　　(2) 電源が不要　　(3) データの書き込みが可能

(4) 値段がバーコードと比べて安い

9-6 インターネットの住所の枯渇問題に対して新しく作られたインターネットの住所はどれか。次の中から最も適切なものを選びなさい。

(1) TCP/IP　　(2) IPv6　　(3) ドメイン名　　(4) DHCP

9-7 ユビキタス ID はどれか。次の中から最も適切なものを選びなさい。

(1) RFID　　(2) MAC アドレス　　(3) Unicode　　(4) ucode

9-8 企業が提供する IoT 向けのサービスは何を用いて実現されているか。次の中から最も適切なものを選びなさい。

(1) クラウドコンピューティング　　(2) GAFA　　(3) ISP　　(4) ビッグデータ

9-9 IoT の普及によって起きる可能性の高いセキュリティリスクはどれか。次の中から適切なものをすべて選びなさい。

(1) DDoS 攻撃　　(2) フィッシング詐欺　　(3) コンピュータウイルスの感染

(4) チェーンメール

9-10 自動運転技術において期待されている高速な通信技術はどれか。次の中から最も適切なものを選びなさい。

(1) 3G　　(2) 4G　　(3) 5G　　(4) 6G

$\boldsymbol{10}$ 人工知能

10.1 人工知能とは

　人工知能というと皆さんはどのようなことを思い浮かべるでしょうか。自動運転車のようなものかもしれませんし，AI 囲碁や AI 将棋といわれるようなものかもしれません。あるいは，自動翻訳のサービスや人間と対話を行うロボットを思い浮かべる人もいるでしょう。人工知能技術はここ数年間で大きく発展し，急速に製品での活用や新サービスの提供が始まっています。皆さんも日常生活においてスマートフォンの音声認識機能や撮影した画像の修正機能などを利用していると思います。では，それらのサービスや機能で使われている「人工知能」とは，そもそも何のことなのでしょうか？ ここでは，まず人工知能とは何をさすのか，またどのようなことが研究されてきたのかについて述べます。

　人工知能は数十年にわたる歴史をもつ研究分野ではありますが，実は人工知能という言葉が何を表すのかについては研究者の間でも明確な定義が定まっていません。さまざまな研究者が人工知能の定義を示していますので，いくつか紹介しましょう。

- 「人工的につくられた，知能を持つ実態」

　　　　　　　　　　　　　中島秀之（札幌市立大学理事長・学長）

- 「『知能を持つメカ』ないしは『心を持つメカ』」

　　　　　　　　　　　　　西田豊明（福知山公立大学教授）

- 「人工的につくった知的な振る舞いをするためのもの（システム）」

　　　　　　　　　　　　　溝口理一郎（北陸先端科学技術大学院大学特任教授）

- 「人間の頭脳活動を極限までシミュレートするシステム」

　　　　　　　　　　　　　長尾真（元京都大学総長）

- 「人工的に作る新しい知能の世界」

　　　　　　　　　　　　　堀浩一（東京大学教授）

- 「究極には人間と区別が付かない人工的な知能」

　　　　　　　　　　　　　松原仁（はこだて未来大学特任教授）

- 「人工的につくられた人間のような知能，ないしはそれをつくる技術」

　　　　　　　　　　　　　松尾豊（東京大学教授）

- 「人の知的な振る舞いを模倣・支援・超越するための構成的システム」

　　　　　　　　　　　　　山口高平（慶應義塾大学教授）

　このように，人工知能という用語の定義は研究者によって異なっていることがわかります。なぜこのように人工知能の定義が研究者によって異なるのかというと，知能とい

うものの定義自体が不明確であることが原因です．人間がもつ知能には，たとえば論理的な推論を行う能力やチェスのような知的なゲームを行う能力，あるいは日常生活で新しいことを学習したり他者の話を理解したりする能力など，多様な能力が含まれます．このため，どの能力に着目するか，何を到達目標におくかによって人工知能の定義が変わってくるわけです．人工知能の分野では，このような多様な知能を実現するためにさまざまな研究が行われています．

　以下に，人工知能という研究分野がこれまで対象としてきたテーマを示します．

■ 問題解決・探索・推論機構

　状態空間法，探索法，プランニング，プラン認識，記号論理，定理証明，帰納推論，仮説推論，事例ベース推論，アブダクション

■ 知識表現・知識ベースシステム

　ファジィ理論，常識推論・不完全な推論，知識ベースシステム，エキスパートシステム，オントロジー

■ 機械学習

　ニューラルネットワーク，強化学習，概念学習，計算論的学習，データマイニング，知識発見

■ 自然言語処理

　情報検索・抽出，機械翻訳，対話システム，言語理解，セマンティックウェブ

■ パターン認識，マルチメディア処理

　画像認識，音声認識，マルチモーダル情報処理，音楽情報処理，仮想現実・拡張現実

■ 知能ロボット

　サブサンプションアーキテクチャ，身体性，記号接地問題

■ 知的エージェントシステム

　ソフトウェアエージェント，分散協調，マルチエージェントシステム

■ 進化的計算

　遺伝的アルゴリズム，遺伝的プログラミング，人工生命

■ 応用システム

　診断システム，知的 CAI，ゲーム情報学，感性情報処理

　本章では，人工知能の歴史を振り返った後に，これまでの人工知能の歴史の中で主要なテーマであった「問題解決と探索」，「知識表現と推論」，「ニューラルネットワーク」について概要を説明します．

10.2 人工知能の歴史

　人工知能（AI：Artificial Intelligence）は長い歴史をもつ研究分野です。人工知能という言葉は 1956 年の夏に開かれたダートマス会議で生まれました。当時の数学者やコンピュータ学者十数名がアメリカのニューハンプシャー州にあるダートマス大学に集まり，コンピュータに知的能力をもたせるにはどうすればよいかを議論しました。会議の主催者はマッカーシー（ダートマス大学），ミンスキー（ハーバード大学），シャノン（ベル研究所），ロチェスター（IBM）の 4 名で，彼らが会議の提案書に記載した「Artificial Intelligence」という単語が公式な文書で人工知能という用語が用いられた最初の事例であるとされています。その後，人工知能はブームと冬の時代を繰り返しながら発展していきました。

　最初の人工知能のブームは 1950 年代から 1960 年代に起こりました。コンピュータが世の中に認知され始めた時代で，コンピュータの普及とともに未来技術としての人工知能に注目が集まりました。この時代には，おもに記号処理によって人工知能を実現する方法が検討されました。記号処理とは，人間がもつ知識や人工知能で解く問題の状況をＡとかＢといった記号で表して推論や解の探索を行うことをさします。この当時のおもなテーマは問題の解を見つけるための探索技術や推論技術でした。探索によってチェスの最善手や迷路の解を求めるシステム，論理的な推論によってある事実の真偽を判定するシステムが検討されました。この他，現在のニューラルネットワークの原型である単純パーセプトロンや，人工知能システムの評価を行うためのチューリングテスト，人工知能システムを開発するためのプログラミング言語である LISP が提案されたのもこの時代です。しかし，人工知能の研究が進むにつれ，その技術的な限界も明らかになってきました。1969 年にミンスキーが単純パーセプトロンは複雑な問題を解くことができないことを証明したことに加えて，人工知能で扱われる問題がシンプルで非実用的なものに限定されていたことから，人工知能はトイ・ワールド（おもちゃの世界）を対象としていると揶揄され，一度目のブームは収束していきました。

　一度目のブームが去った頃から，人工知能を実用的な問題に適用する試みが盛んに行われるようになりました。その代表例がエキスパートシステムといわれるものです。エキスパートシステムとは，たとえば化学構造の推定や医療診断のように，専門家がもつ知識をルール形式で格納し，確信度などを用いて推論するシステムです。これらのシステムの精度は十分に優れていたことから，実用的な問題でも人工知能技術が活用できることが示されました。また，1980 年代に入ると曖昧さや例外を含む知識も扱われるようになり，実数値を扱う論理であるファジー論理やルールに対する例外を許容する非単調推論が提案されました。さらに，ニューラルネットワークの分野では，パーセプトロンの限界を克服した多層ニューラルネットワークと，その効率的な学習方法である誤差逆伝搬法が提案され，幅広く利用されるようになりました。これらの新たな技術の提案により，人工知能は 1980 年代に二度目のブームを迎えました。

エキスパートシステムをはじめとするシステムでは知識を用意する必要があります。しかし，そのような知識を用意することが難しい問題が数多くあります。たとえば，人間が自然に行っている視覚情報・聴覚情報の処理や，広い局面での細かい状況判断が必要な囲碁などです。こうした問題では膨大な量の知識を人間の手で用意することが非常に困難なため，知識を収集することに関する限界から，1990 年代に入ると徐々に二度目のブームは去っていきました。

このような状況のもと，ニューラルネットワークの分野で 1 つのブレークスルーが起こりました。二度目のブームの頃に提案された多層ニューラルネットワークは幅広く用いられたものの，ニューラルネットワークの「層」の数を十分に大きくできないという問題がありました。この問題に対して，2006 年にヒントン，ベンジオらが「層」の数を大幅に増やせる方法を考案したのです。これによりニューラルネットワークの層の数を数百倍，数千倍に増やすことが可能になり，さまざまな問題に適用されるようになりました。ニューラルネットワークの層を増やすと，知識に相当するものを人間が抽出しなくてもニューラルネットワークが学習を通じて自動的にデータから獲得するようになりました。このブレークスルーにより，ニューラルネットワークは画像や音声の処理の他，囲碁のように局面が広大なゲームでも用いられるようになり，特に囲碁に関しては人間のプロ棋士の棋力を上回るようになりました。

現在もニューラルネットワーク技術の発展は続いており，自動翻訳や自動運転への応用が検討されています。ニューラルネットワークを用いても人間の常識や感情など，学習が困難であろう問題は数多くありますが，一方でニューラルネットワークを用いて解決可能な課題も数多く考えられます。したがって，これまでのブームが一時のブームで終わったのに対して，これからは人工知能技術がインフラの 1 つとして使われ続けるかもしれません。

10.3　問題解決と探索

10.3.1　問題解決と状態空間法

人工知能の研究が始まって初期の頃にまず検討されたのが，人工知能が扱う問題をどのように定義し，その問題をどのように解くかでした。現在では，人工知能技術によって幅広い問題が解決されていますが，当時はチェスやパズルを解く問題を対象に解決法が検討されました。こうした問題を解く際には，問題の「状態」（チェスの盤面やパズルの状況）に応じて次の手やパズルの操作を見つける必要があります。現在の状態において，何らかの操作を行う（たとえばチェスで手を進めたり，パズルで何らかの操作を行ったりする）と状態が変化します。このように状態を変化させる操作のことを「オペレータ」といいます。チェスやパズルの問題を解くということは，チェスであればゲーム開始時の最初のコマの状態，パズルであれば最初の状態（これらを初期状態という）から，チェスであれば自身の勝利である局面の状態，パズルであればパズルが解けた状態（これら

を目標状態という）に至るオペレータの列を求めることになります。このように「初期状態から目標状態に至るオペレータの列を求める」という形で問題を解決する方法のことを状態空間法といいます。

10.3.2 探 索

初期状態から目標状態に至るオペレータの列を求めることを探索といいます。探索を行う際には，人間が見てわかりやすく，かつコンピュータにも扱いやすい表現である探索木という表現がしばしば用いられます。図10-1に探索木の例を示します。図の〇が1つの状態を表し，〇と〇の間の線が1つのオペレータを表します。一番上のSが初期状態を表し，その1段下のa, bが1回のオペレータを適用した状態，2段下のc, d, e, fが2回のオペレータを適用した状態を表します。それぞれ深さ1の状態，深さ2の状態といいます。下の方にあるGが目標状態です。目標状態に至るオペレータの列は複数考えられる場合もあるので，探索木の中に目標状態Gが複数存在することもあります。このような探索木が与えられたときに，初期状態Sから（どこか1つの）目標状態Gに至るオペレータの列を求めることが探索木を用いた問題解決になります。

（1） ブラインド探索

図10-1のように，最初から探索木が与えられていれば目標状態Gに至るオペレータの列を見つけることは難しくありません。しかし，実際には現在の状態，すなわち図10-2に示すように初期状態Sしかわかっていない状況から問題を解き始めます。この状況で最初に行うのが，状態Sでさまざまなオペレータを適用したときの状態をすべて求めることです。この操作を状態の展開といいます。さらに，状態Sの展開が終わったら，その展開で新たに見つかった状態を展開します。これを繰り返し，その時々の探索木の末端の状態で展開を繰り返して探索木を徐々に大きくしていくことによって探索を進めていきます。目標状態Gはどこに出現するかわかりませんので，目標状態に向かっ

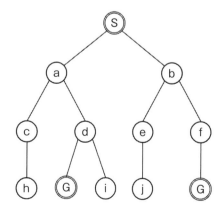

図 10-1 探索木

図 10-2 探索木の初期状態

て一直線に探索木を展開していくことは不可能です。そこで，展開を機械的に行う2つ
の方法として，深さ優先探索（depth-first search），幅優先探索（breadth-first search）
が提案されています。

　深さ優先探索は初期状態からできるだけ深い方向に展開を進めていく方法です。図
10-3 に示すように，ある基準に従って状態を選び（この例では探索木の左端の状態を選
び）その状態を展開していくことを繰り返します。展開できない（オペレータを適用で
きない）状態に到達して，その状態が目標状態でなければ，1つ上の状態に戻って展開
済みの状態の1つ右の状態を展開していきます。深さ優先探索は探索木の深い状態まで
直線的に探索が進んでいくため，深い状態に多くの目標状態が存在する問題に対して効
率的に探索できます。

　一方，幅優先探索は初期状態からできるだけ深さが均等になるように展開を進めてい
く方法です。図 10-4 に示すように，深さ1のすべての状態を展開してから，深さ2の
状態の展開を始めます。幅優先探索は探索木の浅い状態から順に探索が進むため，浅い
状態に多くの目標状態が存在する問題に対して効率的に探索できます。

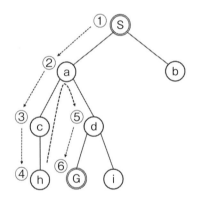

図 10-3　深さ優先探索

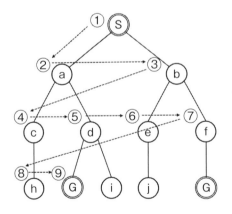

図 10-4　幅優先探索

　目標状態が探索木のどの場所に存在するかによって深さ優先探索，幅優先探索のどちらが効率的であるかが異なるため，問題に応じた適切な探索方法を選択する必要があります。

(2) ヒューリスティック探索

　深さ優先探索，幅優先探索では，目標状態に至るオペレータの列について個々のオペレータの効率のよさを考えませんでしたが，問題によってはそれぞれのオペレータについて，効率のよいものと悪いものが考えられる場合があります。たとえば，迷路を解く問題を考えた場合，できるだけゴールまで回り道をしない解の方が回り道をする解より効率的であるといえます。このように，オペレータに効率が考えられる場合の問題解決のために，各オペレータにコストを定義し，目標状態までのコストの累計が最小になるオペレータの列を求める探索方法が考えられました。

　図 10-5 にオペレータにコストを付与した探索木の例を示します。この例では目標状態が 2 つ (G_1，G_2) あり，初期状態 S から G_1 までの累積コストは 2＋3＋3 で 8，初期状態 S から G_2 までの累積コストは 3＋1＋1 で 5 であることから，目標状態 G_2 が最小コストの解となります。

　ここで，最小コストの解を求めるための代表的な探索法として，最良優先探索，A^* アルゴリズムの 2 つを紹介します。

　最良優先探索は探索中のある時点において，それまでに展開した状態の中から累積のコストが最小の状態を展開していきます。たとえば，図 10-5 では初期状態を展開した後，コストの累計が 2 である状態 a が展開され，次に累積コストが 3 である状態 b が，その後は累積コストが 3＋1＝4 である状態 f が展開されます。この手法は累積コストが最小の目標状態を必ず見つけられるという特徴があります。

　A^* アルゴリズム（エースターアルゴリズム）はオペレータに付与するコストの他に，ある状態から目標状態までのコストの予測値を用いて効率的な探索を可能にしていま

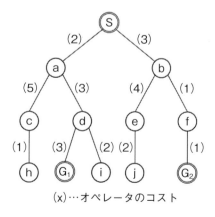

(x)…オペレータのコスト

図 10-5　オペレータにコストを付与した探索木

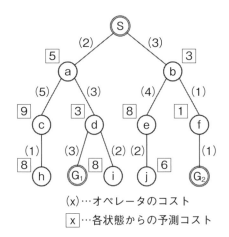

図 10-6　目標状態までのコストの予測値が与えられた探索木

す。図 10-6 に示す探索木は，図 10-5 の探索木に各状態から目標状態までのコストの予
測値を付与したものです。A*アルゴリズムでは，状態までの累積コストと予測値の合
計が小さい状態から順に展開されていきます。図 10-6 では初期状態を展開した後，ま
ず累積コストと予測値の合計が 3 + 3 = 6 である状態 b が展開され，次に合計が 3 + 1 +
1 = 5 である状態 f が展開され目標状態が見つかります。図 10-6 に示す通り，たとえ
ば状態 b から目標状態 G_2 までのコストの予測値は 3，実際のコストは 1 + 1 = 2 となっ
ており，必ずしも予測値が実際のコストと一致しているとは限りません。しかし，予測
値が概ね実際のコストに近い場合に最良優先探索と比べて効率的な探索ができることが
証明されています。

（3）ゲーム木の探索

　チェスや将棋の次の手を探索する際にも探索木が用いられますが，ここまでに示した
探索木と少し異なるゲーム木という探索木が用いられます。ここまでの探索木は探索中
に状態を展開していきましたが，ゲーム木はあらかじめ展開された探索木を対象としま
す。図 10-7 にゲーム木の例を示します。ゲーム木の初期状態は現在の局面を表し，自
分の手番になります。深さ 1 の状態は相手の手番の局面，深さ 2 は再び自分の手番の局
面を表します。つまり，深さが 1 増えるごとに 1 手先，2 手先の局面を表すことになり
ます。ゲーム木では各状態に「評価値」という値が付与されます。評価値とは自分にとっ
てのその局面の有利さを表したものです。評価値が高いほど自分に有利な局面になりま
す。ゲーム木の探索では自分も相手もそれぞれにとって最も有利な手を選ぶことが前提
とされます。したがって，自分は局面の評価値が最も高くなるよう，相手は評価値が最
も低くなるよう手を選びます。また，途中の局面での評価値は考慮されず，探索木の最
も深い局面の（すなわち，先読みできる最も先の局面での）評価値が自分にとって有利
なものとなるよう手が選ばれます。

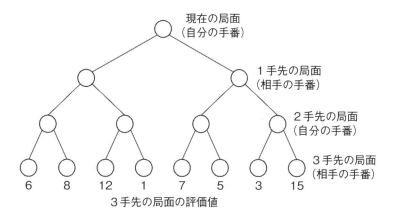

図 10-7　ゲーム木

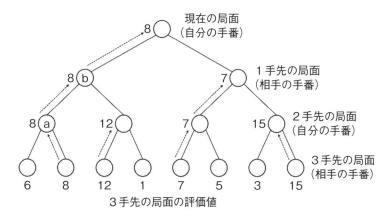

図 10-8　ミニマックス法での評価値の伝搬

　このような探索のための最も基本的な方法として，ミニマックス法が提案されています。ミニマックス法では探索木の最も深い局面から上に向かって評価値を伝搬していく方法がとられます。図 10-7 の探索木に対してミニマックス法を適用したときの伝搬の様子を図 10-8 に示します。局面 a は自分の手番のため，評価値を最も大きい手を選ぼうとします。局面 a の 1 手先の局面の評価値はそれぞれ 6，8 なので，より値の大きい 8 を選ぶことになり，その値が局面 a の評価値となります。同様に，同じ深さの評価値をすべて求めた後に，今度は局面 b の深さの評価値を求めます。局面 b は相手の手番のため，相手は評価値ができるだけ小さくなる手を選びます。局面 b の 1 手先の局面の評価値はそれぞれ 8，12 なので，値の小さい 8 が選ばれることになり，これが局面 b の評価値になります。このような操作を繰り返し，最終的に初期状態の自分の手番の評価値 8 を求めたときに選んだ手が現在の局面で選ばれる手となります。

　チェスや将棋のようなゲームの最善手を求める探索法としては，ミニマックス法の効率化を図った $\alpha\text{-}\beta$ 法などが提案されましたが，近年では統計的な勝率を用いて手を選

択するモンテカルロ木探索を用いた方法や，深層強化学習というニューラルネットワークを用いた手法が一般的に用いられています。

10.4　知識表現と推論

10.4.1　推　論

推論とは既知の事実や法則を用いて，新しい事実や法則を導き出すことをいいます。たとえば，次のような例を考えてみましょう。

A：「一生懸命勉強する」

B：「よい点数が取れる」

A→B：「一生懸命勉強する」ならば「よい点数が取れる」

このとき，上記の3つのうちの2つから残りの1つを導き出すことを推論といいます。2つの選び方は3種類あることから，推論も3種類が考えられます。最も一般的な推論は，AとA→BからBを導く推論です。この推論は演繹といい，論理的に正しいことが示されています。次に，AとBからA→Bを導く推論ですが，これは帰納といいます。AというデータとBというデータからAとBの関係を見いだすという点で，コンピュータによる学習（たとえば10.5節で紹介するニューラルネットワーク）は概ねこの推論を行っていることになります。最後に，BとA→BからAを導く推論ですが，Bを結論，A→Bを原因と結論の関係とみたときに，BとA→BからAを推論することは原因を究明することに相当します。たとえば，よい点数を取った人は一生懸命勉強したのだろうと推論することが，この推論に当てはまります。このような推論をアブダクション（abduction）といいます。人間は日常的にアブダクションを行っていますが，コンピュータ上で行うには計算時間の点で非常に難しい問題になります。以後，これらの3つの推論のうち，おもに演繹推論を行うときに用いられる知識の表現方法について説明します。

10.4.2　記 号 論 理

前述の例のように，「一生懸命勉強する」といった内容をAのような記号で表し，記号の上で論理的な関係を論じる学術分野を記号論理学といいます。記号論理学は，19世紀にブール，ペアノ，ド・モルガン，フレーゲらによって体系化された分野で，命題論理と述語論理という2つの論理体系が基礎的な体系として知られています。

命題論理では，先の例で示したように，言葉で表された内容をAとかBといった単一の記号で表します。このような記号を命題記号といいます。命題論理を含む記号論理学では，ある前提の下で別の事実が論理的に正しいのか，正しくないのか，すなわち真であるか偽であるか判断することを目指します。このような判断を行うために，記号論理では記号間の論理的な関係を論理式で表します。表10-1に記号論理で用いられる論理的な関係の表記方法を示します。

表 10-1　記号論理で用いられる論理式の表記と式の真偽

式の表記	意味	式の真偽について
A ∧ B	A かつ B である	A と B がともに真のとき A ∧ B は真，その他のとき A ∧ B は偽
A ∨ B	A または B である	A と B のいずれかが真のとき A ∨ B は真，その他のとき A ∨ B は偽
¬A	A でない	A が真のとき ¬A は偽，A が偽のとき ¬A は真
A → B	A ならば B である	A が真にもかかわらず B が偽のとき A → B は偽，その他のとき A → B は真

表 10-2　述語論理で用いられる論理式の表記と式の真偽

式の表記	意味	式の真偽について
$\forall x.\,[\cdots]$	どのような x に対しても [$\cdots$] が成り立つ	すべての x に対して [$\cdots$] が真であるとき，$\forall x.\,[\cdots]$ は真，そうでなければ $\forall x.\,[\cdots]$ は偽
$\exists x.\,[\cdots]$	ある x に対して [$\cdots$] が成り立つ	[$\cdots$] が真である x が1つでも存在すれば，$\forall x.\,[\cdots]$ は真，そうでなければ $\forall x.\,[\cdots]$ は偽

　命題論理では，ある論理式の集合Sに含まれる式がすべて真の場合に，別のある論理式Xが真であるか，偽であるかを判断します。たとえば，S = {A ,B, (A ∧ B) → C} とします。このとき，S に含まれるすべての式，すなわち A と B がともに真，(A ∧ B) → C も真であると仮定します。この場合，A と B が真なので A ∧ B は真となり，(A ∧ B) → C が真であることから，C は真であると表 10-1 から判断できます。このように，命題論理では具体的な命題の内容を扱わず，記号だけで命題や論理式の真偽の判定が行われます。

　述語論理では，「x さんは一生懸命勉強する」といった内容を，A(x) のような述語記号と変数の組で表します。変数 x には任意の値を入れられるため，A(x) と記述しただけでは，すべての x について A(x) が成り立つのか，一部の x について A(x) が成り立つのか，判断がつきません。そこで，表 10-2 に示す新たな記号を導入して，これらを区別する方法がとられます。

　たとえば，$\forall x.\,[A(x) \to B(x)]$ という述語論理式は，「どのような x に対しても A(x) → B(x) が成り立つ」という意味になります。述語論理でも命題論理と同様に，論理式の集合Sが与えられたときに別の論理式の真偽の判定をします。たとえば，S = {A(太郎), $\forall x.\,[A(x) \to B(x)]$} のとき，これらの式がすべて真であると仮定すると，B(太郎) が真であることが論理的に導かれます。述語論理は変数も扱うことができるため，命題論理と比べて幅広い問題を解決することが可能です。このため，初期の人工知能における標準的な推論方法として用いられ，述語論理に基づいたプログラミング言語である Prolog なども提案されました (6 章参照)。

10.4.3　プロダクションシステム

　1970年代から1980年代にかけて，医療診断や化学構造の推定を行うエキスパートシステムといわれるシステムが盛んに開発されました。これらのシステムで一般的に利用された問題解決システムがプロダクションシステムです。プロダクションシステムには，プロダクションルールという if-then 形式のルールが多数格納され，これらとデータベースを用いて次の行動が決定されます。プロダクションシステムは，プロダクションルールを格納するルールベース（知識ベースともいう）と，データベースの役割を果たすワーキングメモリ，ルールの実行を行うインタプリタの3つのモジュールから構成されます。

　まず，ルールベースには次のような形式のプロダクションルールが格納されます。

$$\text{if } C_1, C_2, C_3, \cdots, C_n \quad \text{then } A_1, A_2, A_3, \cdots, A_n$$

ただし，$C_1, C_2, C_3, \cdots, C_n$ はルールの条件部を，$A_1, A_2, A_3, \cdots, A_n$ は条件が満たされたときの行動を表します。このプロダクションルールは，「$C_1, C_2, C_3, \cdots, C_n$ がワーキングメモリに存在すれば，$A_1, A_2, A_3, \cdots, A_n$ を実行する」という意味になります。

　ワーキングメモリには次のような形式のデータが保持されます。

$$(\text{オブジェクト} \quad \text{属性1：属性値1} \quad \cdots \quad \text{属性m：属性値m})$$

プロダクションルールの条件部の $C_1, C_2, C_3, \cdots, C_n$ もそれぞれワーキングメモリのデータと同様の形式をしており，ルールの条件部に含まれる条件と一致するデータがすべてワーキングメモリに保持されていれば行動が実行されます。プロダクションルールの行動はすべてワーキングメモリのデータの操作です。ワーキングメモリに新たなデータを追加したり，データを修正したり，属性と属性値のペアを追加したり削除したり，といった操作が行われます。

　インタプリタの役割は，格納されているプロダクションルールのどれを適用するかを決定することです。プロダクションルールは多数保持されるため，条件部にマッチするルールが複数存在することがあり得ます。このような場合に，ルールの適用に関する競合解消処理が行われます。プロダクションルールにあらかじめ優先順位をつけておく方法や，ワーキングメモリに新しく加えられたデータを条件部にもつルールを優先する方法，最も複雑な条件部をもつルールを優先して適用する方法などがとられます。

10.4.4　意味ネットワーク

　意味ネットワークは，人間がもつ概念やそれらの間の意味的関係をネットワークで表したものです。図10-9に意味ネットワークの例を示します。意味ネットワークではノードが概念を表し，ノード間のリンクが概念間の関係を表します。たとえば，図10-9の場合,「人間」は「動物」の一種であることをノードと is-a リンクによって表しています。is-a リンクはノード間の上位 - 下位概念を表します。is-a リンク以外にもさまざまな種類のリンクが用いられます。たとえば，「鳥」は「羽」をもつ（すなわち「羽」は「鳥」の部分である）ことを表す has-a リンクや，「人間」は「話す」ことを表す do リンク，「カラス」の色が「黒」であることを表す color リンクなどが用いられます。

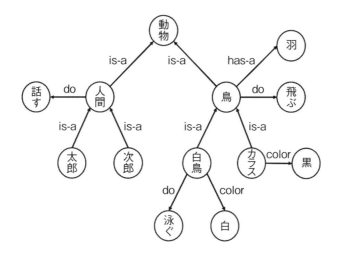

図 10-9　意味ネットワーク

　意味ネットワークを用いた推論は，まず質問内容をネットワークで表し，そのネットワークと意味ネットワークを照合することにより行われます。たとえば，「白鳥は白いか？」という質問に対しては，「白鳥」と「白」を color リンクでつなげたネットワークが作成され，図 10-9 の意味ネットワークと照合することで yes の解答を得ることができます。

　さらに，意味ネットワークでは上位-下位概念を利用した照合も行われます。たとえば，「白鳥は飛ぶか？」という質問に対しては，「白鳥」と「飛ぶ」を do リンクでつなげたネットワークが作成されますが，これと一致する部分ネットワークは図 10-9 の意味ネットワークに存在しません。このような場合には，質問をもとに意味ネットワークの is-a リンクをたどったノードに変えることで質問への解答を試みます。この例では「白鳥」と「鳥」が is-a リンクで結ばれているので，質問のネットワークの「白鳥」を「鳥」に変えて照合することによって yes の解答を得ることができます。このように，is-a をたどって質問を一般化することを属性の継承といいます。意味ネットワークでは，属性の継承の他にも例外処理（たとえば飛ばない鳥に関する処理）や多重継承（複数の上位概念から矛盾する結論が得られるときの処理）など，質問に対して正しい解答を得るためのさまざまな機構が組み込まれています。

10.5　ニューラルネットワーク

10.5.1　ニューラルネットワークとは

　私たちは日常生活でさまざまなことを学び，学んだことを活用して問題に対処します。このように，物事を学習することや，問題に対して対処法を考えることを人間は脳で行っています。脳にはニューロン（日本語では神経細胞という）といわれる細胞が一千億個

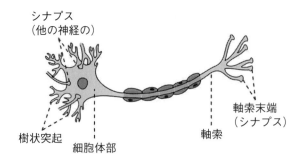

図 10-10 ニューロンの構造

以上あり，このニューロンが運動や学習，状況判断をはじめとする人間のあらゆる活動を司っています。ニューロンの構造を図 10-10 に示します。ニューロンは，細胞の中心である核を含む細胞体，複数の樹状突起，細長く伸びた軸索から構成されます。樹状突起は他のニューロンと接続しており，軸索も末端は複数に分かれてそれぞれが他のニューロンとつながっています。他のニューロンとの接続部をシナプス結合といいます。ニューロンはシナプス結合を通して大きなネットワークを形成しています。

　ニューロンのおもな役割は他のニューロンから信号を受け取り，他のニューロンに信号を送信することです。信号の受け取りは樹状突起で行い，信号の送信は軸索末端で行います。このとき，ニューロンはある一定量（閾値）以上の信号を受け取った場合にのみ，他のニューロンに信号を送信します。あるニューロンが樹状突起で信号を受信する際に，どの程度の量の信号を受信できるかは，そのシナプス結合を通して活発に信号が送信されているかどうかで決まります。多くの信号を受信してきた結合は多くの信号を送受信し，あまり活発でない結合は信号の送受信が少なくなります。このように，それまでの受信の多寡によってそれ以降の信号の送受信の効率が変化します。このようなニューロン間の信号送受信の効率の変化が人間の行う学習につながっていると考えられています。

　ニューラルネットワークとは，ニューロンが行う信号伝達をコンピュータ上で模倣したものです。ニューロンをコンピュータ上で模倣した「ノード」の構造を図 10-11 に示します。1 つのノードは入力として他の複数のノードからの出力 $(x_1, x_2, \cdots, x_n)$ を受け取りますが，それぞれの x_i に対して重み w_i が設定されます。重みはこのノードと他のノードの間の信号の送受信の効率を表します。つまり，1 つのノードから受け取る信号の量は入力と重みの積である $x_i w_i$ となります。したがって，すべてのノードから受け取る信号の合計は $\sum_{i=1}^{n} x_i w_i$ となります。ノードには閾値 θ が設定され，θ と比べて $\sum_{i=1}^{n} x_i w_i$ が大きいか小さいか，すなわち $\sum_{i=1}^{n} x_i w_i - \theta$ が 0 より大きいか小さいかによって，次のノードに送信される信号が変化します。具体的には，活性化関数という関数を定義し，$f\left(\sum_{i=1}^{n} x_i w_i - \theta\right)$ の値が次のノードに送信される信号の値になります。関数 f はニューラルネットワークの種類によって異なります。

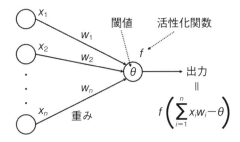

他のノードの出力（＝入力）

図 10-11　ニューラルネットワークのノード

10.5.2　単純パーセプトロン

　単純パーセプトロンは，1958 年にローゼンブラットによって提案された，学習可能な最初のニューラルネットワークです。単純パーセプトロンの構成を図 10-12 に示します。ニューラルネットワークは単純パーセプトロンに限らず，図 10-12 のように層を形成して用いられるのが一般的です。層に含まれるそれぞれの丸が 1 つのニューロンに対応します。単純パーセプトロンは 3 つの層から成り立っており，それぞれ S 層，A 層，R 層といいます。S 層と A 層は複数のノード（それぞれノードの数を m，n とします）から構成されますが，R 層は 1 つのノードのみを含みます。入力 $(s_1, s_2, \cdots, s_m)$ が最も左の S 層に与えられると，次式に従って A 層への入力 a_j が算出されます。ただし，c_{ji} は A 層のノード j と S 層のノード i の間の重みを表します。

$$a_j = \sum_{i=1}^{m} c_{ji} s_i$$

　A 層の各ノード j には閾値 θ_j が設定されており，A 層への入力がこの θ_j より大きいかどうかによって，次式に従って A 層の出力 x_j が決まります。

$$x_j = \begin{cases} 1 & (a_j - \theta_j \geq 0) \\ 0 & (a_j - \theta_j < 0) \end{cases}$$

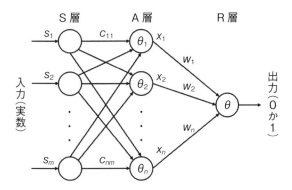

図 10-12　単純パーセプトロン

つまり，A層への入力が閾値以上であればA層の出力は1となり，A層への入力が閾値未満であればA層の出力は0となります。A層の出力はさらにR層に送られます。R層への入力rは次式で計算されます。

$$r = \sum_{j=1}^{n} w_j x_j$$

R層にも閾値θが設定されており，R層の出力oは次式で計算されます。

$$o = \begin{cases} 1 & (r - \theta \geq 0) \\ 0 & (r - \theta < 0) \end{cases}$$

単純パーセプトロンでは，$\sum_{j=1}^{n} w_j x_j - \theta$が0以上のときにR層の出力$o$は1に，0未満のときにR層の出力$o$は0になります。これは活性化関数$f$として，次式を使っていることになります。

$$f(x) = \begin{cases} 1 & (x \geq 0) \\ 0 & (x < 0) \end{cases}$$

この関数をグラフで表すと図10-13のようになります。

　単純パーセプトロンではA層とR層の間の重みw_jと閾値θが学習の対象になります。ここでいう学習とは，何らかの学習用データ（S層に対する入力と，その入力時の正解のR層の出力のペア）が与えられたとき，学習用データと同じ入力をS層に与えると，それに対応する正解をR層が出力するようにニューラルネットワークの重みや閾値を更新することをいいます。単純パーセプトロンでは，次式に従って重みの更新を繰り返すと正解を出力するよう重みが学習されることが証明されています。

$$w_j \leftarrow w_j + \eta \, (t - o) \, x_j$$

ここで，ηは学習率という小さな正の定数で，oは学習データの入力から計算したR層の出力です。tは学習データの入力に対する正解のR層の出力を表します。

　単純パーセプトロンは，学習が可能なニューラルネットワークとして初めて提案され，実用化に向けた検討がさまざまな形でなされましたが，その過程で重大な問題が見つかりました。単純パーセプトロンは，入力全体がある空間上に分布するときに，正解の出力が0になる座標の領域と1になる座標の領域が1つの平面で分離できない（線形分離不可能という）場合に学習できないという問題です。この問題のため，単純パーセプト

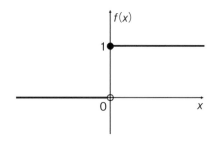

図 10-13　単純パーセプトロンの活性化関数

ロンは実用性に疑問がもたれ，現実の問題に対してあまり使われることはありませんでした。

10.5.3 多層ニューラルネットワーク

単純パーセプトロンがもつ問題の1つは，線形分離不可能な場合に学習ができないことです。さらに，単純パーセプトロンは出力が0か1の二値であるため，用途が限られるという問題があります。これらを解決したものが多層ニューラルネットワークです。単純パーセプトロンは学習可能な層が1つだけであるのに対し，多層ニューラルネットワークでは複数の層の学習が行われます。これによって線形分離不可能な問題も学習することが可能になります。また，出力を実数値にすることによって回帰問題（何らかの数値を出力させるような問題）にも利用できるようになります。図10-14に多層ニューラルネットワークの例を示します。

多層ニューラルネットワークではすべての層が複数のノードから構成されます。入力を受け付ける層を入力層，出力を行う層を出力層，その他の層を中間層（あるいは隠れ層）といいます。入力層にデータが与えられると，入力層に近い層から順番に各ノードの出力が計算され，最後に出力層の出力がネットワーク全体の出力値として出力されます。ある層 l_1 が I 個のノードをもち，それぞれの出力値が x_i であり，その次の層 l_2 が J 個のノードをもつとき，層 l_2 のノードの出力値 x_j は次式で計算されます。ただし，f は活性化関数を表します。

$$x_j = f\left(\sum_{i=1}^{I} x_i w_{ji} - \theta_j \right)$$

多層ニューラルネットワークではしばしば活性化関数 f として，次式で表されるシグモイド関数という関数が用いられます。

$$f(x) = \frac{1}{1+e^{-\beta x}}$$

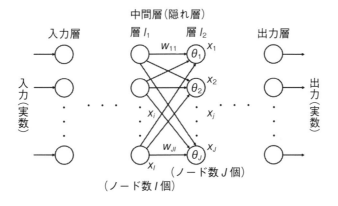

図 10-14　多層ニューラルネットワーク

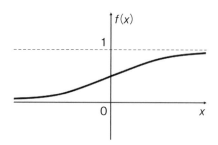

図 10-15　シグモイド関数

この関数をグラフで表すと図 10-15 のようになります。

　単純パーセプトロンで用いられた図 10-13 の活性化関数では $f(x)$ の値が 0 か 1 の二値でしたが，シグモイド関数では $f(x)$ の値が 0 と 1 の間の数値になっていることがわかります。これによって実数値を出力できるようになります。

　多層ニューラルネットワークの学習は誤差逆伝搬法という手法で行われます。これは，ネットワークの出力層側から重み更新で用いるパラメータ δ_j を入力側に向かって逆方向に伝搬していく方法からつけられた名前です。誤差逆伝搬法では次式で重みが更新されます。

$$w_{ji} \leftarrow w_{ji} + \eta\, \delta_j x_i$$

δ_j は次式で計算します。

$$\delta_j = \begin{cases} \beta x_j\,(1 - x_j)\,(t_j - x_j) & （出力層の場合）\\ \beta x_j\,(1 - x_j)\displaystyle\sum_{k=1}^{K}(\,\delta_k w_{kj}) & （出力層以外の場合）\end{cases}$$

ここで，δ_k は l_2 の 1 つ上の層 l_3 で計算されたパラメータ，w_{kj} は層 l_2 と層 l_3 の間の重みです。つまり，出力層以外では 1 つ上の層の重み w_{kj} とパラメータ δ_k を用いてその層のパラメータを求める形になっています。したがって，パラメータは出力層から入力層に向けて順番に計算されていくことになります。このパラメータを求めた後に，上の w_{ji} の更新式で重みが更新されます。

　多層ニューラルネットワークは理論上，任意の関数（つまり任意の入力に対して任意の出力を行うニューラルネットワーク）を学習できることが示されています。複雑な入力・出力の関係をもつ関数が学習可能になり，回帰問題にも用いることができるようになったため，音声や画像の処理に代表されるパターン認識をはじめとする，さまざまな問題を解決するためにニューラルネットワークが用いられるようになりました。しかし，多層ニューラルネットワークが任意の関数を学習できるのは，無限のノード数と無限の学習時間と適切な学習アルゴリズムが用意された場合です。実際には，無限のノード数を用意することは不可能なので，学習時間も無限に使うことはできません。特に，シグモイド関数を用いた多層ニューラルネットワークでは，「勾配消失問題」といわれる問題によって，入力層に近い層では学習がほとんど進まなくなるという問題が発生するこ

とが明らかになっています。

10.5.4　深層学習

　勾配消失問題とは，層の数が多い多層ニューラルネットワークにおいて，入力層に近い層で重みがほとんど更新されなくなるという問題です。原因は前述のパラメータ δ_j の計算式にあります。計算式に $x_j(1-x_j)$ の部分があります。x_j はシグモイド関数を活性化関数とするノードの出力値なので 0 から 1 の間の値をとります。x_j が 0 から 1 の間の値をとるので，$(1-x_j)$ も 0 から 1 の間の値をとります。このため，$x_j(1-x_j)$ は 0 から 1 の間の小さな値（つまり，0 に近い値）になります。パラメータ δ_j は出力層から順番に計算され，その都度 0 に近い値が掛けられるので，入力層に近い層ではパラメータが非常に小さな値になります。重み w_{ji} はパラメータ δ_j に比例する値で更新されるため，δ_j が 0 に近い値の場合，重みはほとんど更新されません。この問題のため，多層ニューラルネットワークの層の数はせいぜい 3 つか 4 つが限界であり，これ以上多くしても良好な結果が得られないとされています。

　この問題を回避するには 2 つの方法があります。1 つ目の方法は，パラメータ δ_j を出力層から入力層に向けて順に計算していく，という方法そのものをやめることです。2006 年にヒントンらとベンジオらはそれぞれ独立に，パラメータ δ_j を順に計算しない多層ニューラルネットワークを提案しました。ここでは詳細の説明を省きますが，両者が提案した方法はともに 1 層単位で重みを更新する方法です。パラメータ δ_j の値を伝搬していくことがないため，層の数を増やしても勾配消失問題が発生しないという特徴があります。これにより，多層ニューラルネットワークの層の数は 6，7 から 1000 以上の層のものまで，問題に応じてさまざまなネットワークが使えるようになりました。このように，層を深くしたニューラルネットワークの学習のことを深層学習といいます。深層学習によって多層ニューラルネットワークと比べて複雑な入力・出力の関係を効率的に学習できるようになったため，多くの問題で用いられるようになりました。

　2 つ目の方法は，活性化関数としてシグモイド関数を用いない方法です。実は，前述のパラメータ δ_j の計算式は活性化関数としてシグモイド関数を用いた場合の式になります。他の活性化関数を用いると δ_j の計算式に $x_j(1-x_j)$ が出てこない場合もあります。勾配消失問題が発生しないような活性化関数を用いたニューラルネットワークが提案されました。現在の深層学習では，こちらの方法でニューラルネットワークの層の数を多くすることが一般的です。

　深層学習は多くの人工知能システムで用いられており，特にチェスのようなゲームプログラミングや音声処理，画像処理では非常に良好な成果を収めています。現在でもさまざまな構成のニューラルネットワークが提案され続けており，今後はさらに高い性能のニューラルネットワークの出現や，多くの分野での応用が期待されています。

10 章の練習問題

10-1 人工知能の研究に含まれないものはどれか。次の中から最も適切なものを選びなさい。

(1) 機械学習　　(2) 記号論理　　(3) 計算機言語　　(4) ゲーム情報学

10-2 人工知能の定義が研究者によって異なる理由として当てはまらないものを選びなさい。

(1) 人工知能は非常に難しい問題であるから　　(2) 人間が多様な能力をもっているから

(3) 知能の定義が不明確であるから　　(4) 実現したい知能が研究者によって異なるから

10-3 現在の人工知能にとって最も難しいと考えられる能力はどれか。次の中から最も適切なものを選びなさい。

(1) 人間の視覚能力　　(2) 人間の論理的思考力　　(3) 人間の常識的行動

(4) 人間の専門家が行う診断

10-4 ダートマス会議で人工知能を提案したメンバではない人は誰か。次の中から選びなさい。

(1) ミンスキー　　(2) ヒントン　　(3) シャノン　　(4) マッカーシー

10-5 状態空間法において状態を変化させる操作のことを何というか。次の中から最も適切なものを選びなさい。

(1) 目標状態　　(2) 探索　　(3) ミニマックス法　　(4) オペレータ

10-6 コストの予測値を使う探索法はどれか。次の中から最も適切なものを選びなさい。

(1) 最良優先探索　　(2) 幅優先探索　　(3) 深さ優先探索　　(4) A*アルゴリズム

10-7 A→BとBが与えられたときにAを推論することを何というか。次の中から最も適切なものを選びなさい。

(1) 演繹推論　　(2) アブダクション　　(3) 数的推論　　(4) 帰納推論

10-8 意味ネットワークで用いられる用語はどれか。次の中から最も適切なものを選びなさい。

(1) is-a リンク　　(2) 論理式　　(3) 帰納推論　　(4) プロダクションルール

10-9 ニューラルネットワークの重みは脳細胞の何を模倣しているか。次の中から最も適切なものを選びなさい。

(1) 脳細胞間の信号送受信の多寡　　(2) 脳細胞の数　　(3) 脳細胞の活性度

(4) 脳細胞が構成するネットワーク

10-10 多層ニューラルネットワークの層を深くできない原因となっていた問題はどれか。次の中から最も適切なものを選びなさい。

(1) フレーム問題　　(2) 勾配消失問題　　(3) 記号接地問題　　(4) トイ・プロブレム

11 まとめ

　コンピュータの発展は日進月歩です。コンピュータの中心はマルチコアプロセッサに移り，CPU の性能はどれだけ多くのコアを集めて 1 つの CPU とするかに左右されるようになってきました。ひと昔前には，マルチプロセッサシステムといえば，非常に高価なコンピュータでしたが，現在では当たり前になっています。

　また，スマートフォンの発明により，高性能で非常に小さなコンピュータを携帯するようになってきました。さらに，コンピュータネットワークに常時接続された状態でいつでも人とコミュニケーションすることができます。IoT により，あらゆるモノが互いにつながり「スマート XXX」になりつつあります。

　コンピュータは社会現象と密接に関わっています。そして，あらゆる情報をコンピュータで扱いやすい 2 進数（デジタル信号）に変換して処理する必要があります。

　すべてのモノが互いにつながることによって，よいことばかりではありません。「情報セキュリティ」を考えなければなりません。コンピュータが発明された初期の頃は，専門家や研究者のみがコンピュータを扱うことができため，悪意をもったユーザがほとんどいなかったため，「情報セキュリティ」については考えられませんでした。一般に，インターネットが普及した 1995 年頃から急に，「情報セキュリティ」が議論の対象になりました。

11.1　コンピュータで便利な社会を形成するためには

　コンピュータに仕事をやらせるためには，プログラミングしてアプリケーションを開発する必要があります。プログラミングには，まず設計図にあたるアルゴリズムを理解し，制御構造を組み合わせて設計する必要があります。データは，データ構造を組み合わせて扱う必要があります。

　本書は，以上のような社会の中での複雑に変化するコンピュータの役割に対応するための知識，理論を集めました。1 章では概要を述べ，2 章では CPU をはじめとしたコンピュータの仕組みについて説明しました。3 章ではコンピュータ上で扱う情報の表現について，4 章ではコンピュータネットワークである情報通信ネットワークについて説明しました。5 章，6 章，7 章では，コンピュータを司る際に中心となるオペレーティングシステムと，プログラミング言語，アルゴリズムとデータ構造について説明しました。8 章では情報セキュリティについて，9 章，10 章では社会と最も関係する IoT と人工知能について概要を説明しました。最後に，本書の内容を踏まえたうえで，情報社会のこれからについて述べたいと思います。

11.2　これからの情報社会

　現在の社会で情報学に関係するキーワードとしてデータサイエンスがあります。具体的には，コンピュータや周辺装置の発達によって，さまざまな物理現象に関連するデータを簡単に取得できるようになってきました（ビッグデータ）。人工知能の分野で，機械学習またはニューラルネットワークを応用した深層学習に関する技術が大きく発達し，ビッグデータをより詳細に，正確に分析できるようになってきました。このような技術は，さまざまな分野の経営学，経済学，医学などにも関連します。その本質は，「マッチング」，「レコメンデーション」などです。統計学の応用としては，「クラスタリング」や「時系列分析」などがあります。

　以下に，これらの技術を応用した近い将来の事例を紹介します。

11.2.1　自 動 運 転

　自動運転は，近い将来の最も可能性がある新しい技術です。「車という一般的な商品をフル電化しコンピュータ化し，ソフトウェアで制御する」ことによって，あらゆるモノをインターネットに接続する IoT と連携することができます。具体的には，車そのものであるコンピュータ上のアプリケーションは，インターネットから日々更新され，車自体がますます便利なものになります。その1つの究極が自動運転と考えることができます。本書で紹介した人工知能の深層学習が中心となりますが，コンピュータの仕組みや，情報通信ネットワーク，プログラミング言語をはじめとする，さまざまな知識を駆使して開発することになります。「自動運転」は，レベル1（運転支援）～レベル5（完全自動運転）まで規定されていて，レベル5は実現が難しいかもしれませんが，レベル3（自動運転），レベル4（自動運転）までは近い将来実現されそうです。

11.2.2　キャッシュレス社会

　商品を購入したり，取引をしたりするときに，「お金のやりとり」をしますが，現金を扱わなくて電子的な（情報通信ネットワーク上の）数字のやりとりだけで，完了することをキャッシュレスといいます。以前から，欧米を中心にクレジットカードが用いられてキャッシュレス取引は行われていましたが，最近では，さらにスマートフォンに仕組まれた IC カードや，特別なアプリケーションによって「QR コード」を読み取るなどしてキャッシュレス取引が当たり前になっています。すでに，多くの取引がキャッシュレスで行われ，キャッシュレス社会といってもいいでしょう。キャッシュレス社会には，IC カード（RFID）という超小型のコンピュータが開発されたり，さまざまなセンサーなど装置（デバイス）が開発されたことで実現されました。ソフトウェアとしては，ビッグデータを扱うことができるようになったことが深く関係しています。

　キャッシュレス社会により，取引が電子化され，商品をウェブ上から選択できるようになり，レコメンデーション機能により，個人の好みにあった商品が自動的に表示され

たり，ビッグデータに対する「時系列分析」により，将来売れそうな商品を予測できるようになりました。キャッシュレス社会の本質は，個人のクレジット（信用情報）を特定することにあります。この技術もビッグデータを用いた分析や，深層学習が中心にあります。

11.3 さいごに

　本書は，「情報学基礎」という情報学の基礎を学ぶための教科書として編成しました。「基礎」の内容は，長い年月が経ても変わらない概念や理論を示します。必ずしも平易ではないかもしれませんが，大学の授業でぜひ学んでほしい内容です。一方，「応用」は，基礎をもとにして，社会の変化によって変わるものが多く，より専門課程で学ぶ内容であったり，流行に関係するものもあります。たとえば，携帯電話や携帯端末を中心とした最新の技術は，数年後には別の装置に代わっているかもしれません。そのため，「応用」については，常に新しい内容を参照することが必要です。わかりやすい「応用」だけでなく「基礎」とバランスよく学ぶことが大切です。

　本書は，すべての項目について説明しているわけではありません。今後はそれらをふまえて随時改訂していきたいと思います。本書が少しでも皆様のお役に立てれば幸いです。

索　引

■監修者
山口和紀（やまぐち　かずのり）
1979年　東京大学理学部数学科卒業
1981年　東京大学大学院理学系研究科情報科学専攻博士課程中退
現　在　東京大学大学院総合文化研究科教授，理学博士

■著　者
和泉順子（いずみ　みちこ）
1998年　津田塾大学学芸学部数学科卒業
2003年　奈良先端科学技術大学院大学情報科学研究科博士後期課程単位取得満期退学
現　在　法政大学国際文化学部准教授，博士（工学）

桂田浩一（かつらだ　こういち）
1995年　大阪大学基礎工学部情報工学科卒業
2000年　大阪大学大学院基礎工学研究科情報数理系専攻博士後期課程修了
現　在　東京理科大学理工学部准教授，博士（工学）

児玉靖司（こだま　やすし）
1987年　慶應義塾大学理工学部管理工学科卒業
1994年　慶應義塾大学大学院理工学研究科計算機科学専攻博士後期課程単位取得満期退学
現　在　法政大学経営学部教授

重定如彦（しげさだ　ゆきひこ）
1994年　東京大学理学部情報科学科卒業
2002年　東京大学大学院理学系研究科情報科学専攻博士課程修了
現　在　法政大学国際文化学部教授，理学博士

滝本宗宏（たきもと　むねひろ）
1992年　慶應義塾大学理工学部計測工学科卒業
1999年　慶應義塾大学大学院理工学研究科計算機科学専攻博士後期課程単位取得満期退学
現　在　東京理科大学理工学部教授，博士（工学）

入戸野健（にっとの　けん）
1991年　中央大学理工学部管理工学科卒業
2003年　中央大学大学院理工学研究科経営システム工学専攻博士後期課程修了
現　在　法政大学経営学部教授，博士（工学）

ⓒ　和泉・桂田・児玉・重定・滝本・入戸野　2020

2020 年 10 月 30 日　　初 版 発 行

情 報 学 基 礎

監修者　山 口 和 紀
　　　　和 泉 順 子
　　　　桂 田 浩 一
著　者　児 玉 靖 司
　　　　重 定 如 彦
　　　　滝 本 宗 宏
　　　　入 戸 野 健

発行者　山 本　　格

発行所　株式会社　培 風 館
東京都千代田区九段南 4-3-12・郵便番号 102-8260
電 話 (03) 3262-5256 (代表)・振 替 00140-7-44725

三美印刷・牧 製本

PRINTED IN JAPAN

ISBN 978-4-563-01605-0　C3004